JN044678

エビデンスと学校経営

日本教育経営学会紀要

第64号

第一法規

ま　え　が　き

近年，中央政府や地方政府の政策立案においては，エビデンスに基づく政策立案（EBPM：Evidence-based Policymaking）の重要性が強調され，教育分野もその潮流の中に飲み込まれています。学校経営も例外ではありません。

その一方で，そもそも暗黙知や経験知に根ざした専門性が重要な教育分野において，エビデンスの活用がもたらす効用については限界があるとも考えられており，安易な活用には逆機能が大きくなること等も指摘されてきています。さらに，学校経営に活用されるエビデンスとはそもそも何を指すのかについても，必ずしも広く合意がなされておらず，実際には，データとエビデンスの違いすら，十分に共有されていない実情があります。

そこで，本特集では，「エビデンスと学校経営」と題し，研究上・実践上，今後，エビデンスとどのように適切に向き合っていくのかについて問い，その方向性を見極めることを試みました。本学会紀要の特集としては，新機軸の切り口であり，テーマ設定へのご批判も含めて，多様な知見と意見の交換がなされることを期待しております。

各論文では，学校経営に関わるデータ・ファクト・エビデンスを巡る状況と校長（学校レベル）による活用可能性について（露口論文），エビデンス活用が先行するイギリスの現状と限界性，さらにそれに対応する制度について（植田論文），エビデンスの政治性とエビデンスを媒介した教育外部との対話可能性について（百合田論文）等が論考されます。これらの特集論文を通じて，学校経営においては，エビデンスを適切に参照しつつも決して従属はせずに，多様な知識・経験を調達して専門的判断を行うことが重要であること，そのためには制度的支援と研究者との対話も必要であること，さらには，教育外部からもたらされるエビデンスに戦略的に向き合うことで，現在の教育や教育論議の在り方を再構築できる可能性があること等が示されています。

研究論文につきましては，16本の投稿申込み，14本の投稿があり，厳正な審査の結果，１本の掲載となりました。課題設定や研究枠組みは非常に興味深いものの，歴史研究においては資料に基づく知見の積み上げや深まり，データ分析においてはモデル化やデータ処理の適切性，その他，実証・論証と結論の適合性・一貫性が不十分であるため，残念ながら掲載に至らなかった論文が少なからずありました。これらの点を再検討の上，是非，再度の投稿をお待ちしております。

教育経営の実践事例につきましては，５本の投稿申込み，４本の投稿があり，審査の結果，１本の掲載となりました。それぞれ優れた実践を展開されており，読み応えがありましたが，惜しくも掲載に至らなかったものについては，自らの実践の意義を客観的に評価できているかについて，課題がありました。思い入れのある自らの実践を，俯瞰的かつ客観的に再評価することの難しさは，学会全体で引き取るべき課題でもありますが，研究論文同様，再度の吟味の上，再投稿されることを期待しております。

今回，掲載論文の質と掲載数の向上を目指して，査読の回数を増やし，投稿者と編集委員が例年以上にやりとりすることを目指しました。この試みは，掲載論文の質の向上に資することはできたものの，掲載数増は実現できず，来年以降に課題を残しました。

その他，大会開催時シンポジウム，若手研究者のための研究フォーラム，課題研究，実践研究フォーラムの各報告，研究動向レビュー，大会報告を掲載しております。書評については，単著に限定せず，広く学校経営に関連する書を対象として６本掲載しております。

本号は，今期紀要編集委員会が編集した最初の号です。論文や研究報告を通じて，会員の方々と編集委員が，研究知見の対話を行うことを目指しましたが，初年度ということもあり，思うようにいかない面も多々あり，会員の皆様から見ると，何かと至らない点があったと思います。この場を借りて，委員長としてお詫び申し上げます。

加えて，編集委員の方々には，査読回数が増えたことにより，査読プロセスで例年以上のご負担をおかけ致しました。また，特集論文に挑戦的なテーマを設定したことから，今号の特集論文については，厳格な査読をお願いし，これについても過重なご負担をおかけ致しました。大変丁寧なコメントを頂きましたことをはじめ，多大なご尽力に改めて感謝申し上げます。

最後になりましたが，第一法規の田村雅子氏と芳賀郁雄氏には，編集作業で大変御世話になりました。紀要編集委員会を代表して，心より御礼申し上げます。

2022年５月

紀要編集委員長　貞広　斎子

目　　次

〈教育経営学研究動向レビュー〉

〈追悼文〉

特集　エビデンスと学校経営

校長の意思決定における エビデンス活用の可能性

―データ・ファクト・エビデンス―

愛媛大学 露口健司

1 導入

第3期教育振興基本計画（2018～2022年度）において，客観的な根拠に基づく政策立案（EBPM：Evidence-Based Policymaking）が明記された。基本計画策定後，文部科学省におけるEBPM推進体制の構築を通して，多様な分野の研究者との連携強化，データの一元化，データ提供体制の整備等の改革が推進されている。社会からのエビデンス要求，すなわち，政策立案根拠，予算獲得根拠，説明責任根拠，政策評価根拠が強く求められるようになったことが，EBPM重視の背景にある（岩崎 2017）。

EBPMはグローバルな動きであり，日本では，2000年以降，様々な分野の研究者集団がEBPMに関連する研究図書（国立教育政策研究所 2012，大橋 2020）や翻訳書（Bridges et al. 2009，OECD／CERI 2007，Shavelson & Towne 2002）を刊行してきた。これらの研究報告では，「政策立案者」に焦点化した上で，政策の効果を具体的に測定（つくる／生成），体系的レビュー等でエビデンスを整理し誰でも分かりやすい形にまとめ（つたえる／普及），エビデンスをもとに政策的な意思決定を行う（つかう／活用）局面における具体的方略を提示している。

「政策立案者」に先行する形で，「実践者」としての教師を主体とするエビデンス議論が1990年代後半より英国で開始されている（以下，惣脇 2012，杉田・熊井 2019参照）。政治思想に基づく教育理念の思想的対立を超え，子供達にとって真に効果的な教育手段を模索しようとする動きの中で，エビデンスの概念が使用されるようになった。教師＝専門職には到達しておらず，教育的価値よりも医師等のようにエビデンスに基づく臨床判断を重視し，客観的で一般化された科学的知識を重視する立場からは，エビデンス肯定論が提示された。一方，教師＝専門職の仮定に立ち，教師が保持する教育的価値（望ましさ）を重視し，専門職としての経験や現場で生み出される臨床知を重視する立場からは，エビデンス批判論が展開された。論争の結果，「エビデンスは万能薬ではなく，人々が教育について思考し，教育政策と実践を選択し，専門的判断を行うための原則と実践である（Davis 1999：118頁）」という整理に落ち着いている（惣脇 2012）。

さて，このように「政策立案者（文部科学省・教育委員会）」や「実践者（教師）」を対象とするエビデンス論は進展し，日本においても主として米国・英国等における議論の動向が報告されている。しかしながら，「経営実践者（校長）」を対象とするエビデンスの議論は，教育経営研究において重要なテーマであると思われるのだが，それほど進展していないようである。校長と教育長を兼務する可能性があり，また，人事・予算等の裁量性が比較的大きい米国であれば，経営実践者としての校長は，政策立案者と同等の（あるいはそれに近い水準で）エビデンスを参照することが求められる。少なくとも，米国WWC（What Works Clearinghouse）情報センターが提供するエビデンスのパッケージ（豊 2011）に関する知識の習得等が，校長には求められる。一方，教育者としての校長には，カリキュラムや学習効果に関するエビデンスの参照が求められる。Hatti（2009, 2014）が整理している学習効果のエビデンス一覧の知識の習得等が校長には求められる。

それでは実際に，校長は教育（経営）専門職として，エビデンスなるものを参照して意思決定や学校経営を実践しているのであろうか。また，校長が参照可能なエビデンスはどのようなものであり，それはどのように生成され，経営実践で活用されるのであろうか。これらの研究課題の解明に際して，まずは，学校経営上の意思決定においてエビデンスとは何を意味するのかを確認しておきたい。

2　エビデンスの定義の再検討

エビデンスという言葉は，辞書的には「根拠」あるいは「科学的根拠」という意味を持つが，その定義は多様である。日常場面において，根拠となる資料等をエビデンスと称することが多々あるが，本稿では「根拠」としてのエビデンスではなく「科学的根拠」としてのエビデンスを対象とする。たとえば，医療分野ではエビデンス（科学的根拠）とは，ランダム化比較試験（Randomized Controlled Trial）に象徴される実験的手法と系統的レビューを意味する。米国学術研究会議は，実験的手法に加え，回帰分断デザイン，マッチング法，操作変数法，差の差推定，固定効果推定等を用いた準実験的手法までをエビデンスの定義に含めている（Bridges et al. 2009：邦訳21頁参照）。米国 WWC 情報センターでは，レビューの対象をランダム化比較試験に代表される実験的手法と準実験的手法に限定しており，ピアレビューをクリアした論文でも，90％がエビデンスとして採用されないという厳格な定義を設定している（国立教育政策研究所 2012：321頁）。エビデンスの狭義の定義とは，実験的・準実験的手法に基づいて明らかになった，施策に関する「定量的な因果効果」を意味する。米国では，補助金額の決定において政策立案のエビデンスの質が評価されるため，質の高いエビデンス生成への関心が高いという背景がある（津田・岡崎 2018）。教育分野においても，NCLB 法（No Child Left Behind Act of 2001）において，ランダム化比較試験や WWC 掲載を科学的な裏付けのある研究とすることが規定されている（Brigdes et al. 2009: 邦訳21頁）。WWC のウェブサイト(1)をみても，その後の2009年 RTTT（Race to the Top），2015年 ESSA（Every Student Succeeds Act）の改革を経てもなお，エビデンスに対する厳格性・体系性・客観性・妥当性・信頼性の価値重視の姿勢は変更されていない。

エビデンスの狭義の定義が，実験的・準実験的手法に基づく定量的な因果効果であるならば，広義の定義とは何か。広義の定義とは科学的根拠全般である。この場合，定量的な因果効果に加えて，記述的研究（度数分布・平均・分散・テキスト分析等），比較研究（コーホート研究等での比較の検定），相関研究（相関・関連・回帰分析等），予測研究（時系列データの予測分析，ランダムフォレスト，決定木分析，ニューラルネットワーク等）等がエビデンスに含まれる（大橋 2020：47頁，国立教育政策研究所 2012：241頁等を参照）。ランダム化比較試験と体系的レビューを頂点とするエビデンスの階層表として表現される場合は，これらは中レベルあるいは低レベルのエビデンスとして扱われる。これらの広義のエビデンスとは，因果関係を説明するものではないが，意思決定者を取り巻く事実・実態を説明する根拠であり，数値やテキストの集合体である「データ」から統計的集計・分析を通して生成される「ファクト」に相当すると言える。本稿では，広義のエビデンス＝質の低いエビデンスと捉えるのではなく，広義のエビデンス＝ファクトとして捉える方法を提案したい。現実世界において，データ・ファクト・エビデンスの関係は以下のように峻別可能である。すなわち，集約されたテスト結果がデータ（データベース，スプレッドシート等に集約）であり，その記述統計等の分析結果がファクトであり，理論及び実験・準実験デザインに基づきデータ・ファクトを再編成・分析したものがエビデンス（定量的な因果効果の表現）となる。

3　校長の意思決定におけるデータ・ファクト・エビデンス

医療分野のように，実験的・準実験的手法による研究や系統的レビューの蓄積があり，臨床判断を行う医師がそれらを容易に参照できる状況下では，エビデンスを定量的な因果効果に限定することは理解できる。臨床判断の場面で，高度な自律性を持った専門職は，意思決定において「何が有効か？（know-what work)」の知識が重要なのである。一方，教育（経営）分野では，因果効果を検証した研究は大量にあるわけでなく，教師（校長）が臨床判断において参照可能な知識は乏しく，また，その知識が学術コミュニティにあるためアクセス困難である（OECD／CERI 2012)。特に，日本では，校長が教育経営研究のエビデンス（定量的な因果効果）を参照して意思決定を行う場面は，残念ながら無いに等しい。参照対象となる定量的な因果効果レベルの研究が存在しないためである。海外の教育経営エビデンスを参照する校長もいるが一般的な傾向とは言い難い。

先の区分で言えば，校長が参照可能な知識はエビデンスではなく，ファクトである。ファクトは，以下の3つの形態に整理できる。

第一は，データから自動的に生成されるファクトである。学校（あるいは地域）レベルにおいて集約化したデータについての度数分布・平均値・標準偏差等の記述統計スコア，平均値の比較分析スコア，散布図等で示される相関・関連・回帰等の変数間関連スコア等が，実態を理解する際の根拠として参照されている。日本では学校評価データの集計や行政・民間企業が提供する資料が，最も参照度の高いファクトであると言える。ただし，参照可能なファクトが教育委員会・学校において十分に管理されておらず散在している状況にある。一方，米国では，民間企業の支援を得て，意思決定において参照可能なファクト一覧をダッシュボード形式で閲覧するためのシステム開発が進展している(2)。

データ収集からファクト生成には一手間あるのだが，ダッシュボードシステムではこの過程が自動化される。教育委員会等がダッシュボードシステムを開発し，CBT（Computer Based Testing）とウェブアンケートを組み合わせることで，現行の学校評価の労力は大幅に縮小されるであろう。ビッグデータ×AI解析の手法が浸透しつつある今日では，予測分析やテキストマイニングも，ダッシュボードに追加可能である。

第二は，データから研究者が生成するファクトである。研究者が生成するファクトレベルの知識は，研究図書・論文としてまとめられる。学校・地域で生成されるデータを研究者が様々な手法で加工し，分析結果を多数報告している。ただし，校長が意思決定場面で活用できるものは多くはない。研究図書・論文の内容を分かりやすくまとめた雑誌・新書・講演・研修等の機会に得る知識の方が活用度は高いであろう。

第三は，実践者が研究手法を用いて生成するファクトである。アクションリサーチ手法等を活用した，実践者による問題解決過程の記述や臨床知の記述も，学校現場での意思決定においては重要なファクトとなる。全国の教職大学院で展開されている勤務校を対象とする実践研究は，質の高いファクトの蓄積を促進するものである。

ファクトの基盤は「探索」にあり，エビデンスの基盤は「確証」にある。エビデンス生成局面では，準実験的手法開発に実績がある計量経済学のアプローチの使用頻度が高い。数理モデル構築からデータとの適合性を重視するため，確証作業には強みがある。しかし，何が問題か，どのように行為すればよいのかが不明な状況下において，ポイントを探索しようとする研究課題の場合は，探索活動が有用である。上記の各種ファクトは，こうした問題・方法特定のための探索活動に対して大いに寄与する。

エビデンス（＝定量的な因果効果）は，何がどの程度有効かについての知識を提供してくれる。たとえば，勤務校の学力向上戦略を検討している校長が，15回の補習に参加することで国語の学力試験の結果を偏差値換算で1.3程度向上させる効果を持つ（別所他 2019）というエビデンスを参照したとする。海外の先行研究においても補習の有効性は確認されている。しかし，このエビデンスだけで，意思決定が行われるわけではない。校長自身や教師集団の補習に対する「教育的価値（望ましさ）」が参照されるであろう。また，なぜ行うのかを説明する場面では，児童生徒の学力水準や補習に関する教師・保護者アンケート等の結果等の「ファクト」が参照されるであろう。そして，どのように実施するかを思考する段階では，これまでの教職経験を通して生成された「直観（持論）」が参照されるであろう。この他にも，「以前の判断の蓄積（法学研究）」「これまでの記録（歴史研究）」「個人的物語（ナラティブ研究）」「暗黙の社会的な規則・規範（民族学研究）」「管理体系（行政研究）」等，意思決定場面において参照とされる知識は多様である（Bridges et al. 2009：邦訳30頁参照）。教育（経営）的な臨床判断場面では，エビデンスが示す施策の有効性が決定的な場合を除き，意思決定に及ぼす余地はそれほど大きいとは言えない。データから生成されるファクトや直観・臨床知に基づき，意思決定を行っているのである。

4　データドリブン型意思決定におけるデータ・ファクト活用

米国ではNCLB法を契機として，校長に対して「データドリブン（駆動）型意思決定（Data-Driven Decision Making）」が求められるようになった（Datnow & Park 2014，Halverson et al. 2007，Kowalski et al. 2007，Luo 2008, Pak & Desimone 2019）。児童生徒の成績，出席状況，生徒指導，教育課程，教師の質等についてのデータからファクトを生成し，意思決定を行うとともに，関係者を目標達成に導く校長のリーダーシップが着目されるようになったのである。データを人工物の一種として扱い，それを用いて人々を動かす現象に着目した分散型リーダーシップ論の台頭がこの現象の背景にある（露口 2012）。

データドリブン型意思決定のプロセスは次のように説明される。すなわち，各学校のデータを学区が集約し，学校に対して，一部の地域ではダッシュボード形式でファクトが提供される。学校の現状が一目でモニタリング可能であり，比較や評価が可能である。校長は提供されたファクトを解釈し，それを業務遂行に活用することが期待される。リアルタイムデータでの学校・教室の状況把握（ファクト確認・データマイニング）は，学校における問題への気づきを促し，迅速な改善に役立つ可能性がある（Pak & Desimone 2019）。

ただし，革新的なテクノロジーの導入は容易ではない。ソフト開発費用，ハード・ソフト面でのトラブル，スプレッドシート作成・更新の膨大な時間と労力，ライセンス管理，メンテナンスの必要等，多様なリスクの克服が必要となる。そして，何よりも重要なことが，校長のデータドリブン型意思決定に係る職能開発である。校長の職能開発のサポート体制や研修時間が乏しい場合，データからファクト生成に膨大な労力を投入したとしても，改善・変化は生じない可能性がある（Darling-Hammond et al. 2007）。職能開発の局面では，ダッシュボードのシステムを使いこなす上で必要な，学区・学校で生成されるファクトの管理・解釈・活用方法についての学習が求められる。また，あわせて，研究者・実践者によって生成されるファクトの学習も，職能開発上，必要であると考えられる。

5　校長が参照可能なエビデンス

学校経営上の意思決定場面における最も重要なファクトの一つは，学力データ集計結果であろう。多様な問題を内包しているが，学校現場で為される多様な教育（経営）判断と意思決定はこのデータを重視して行われる。日本では，一般的には，学力データからファクトを生成し，平均値の比較から全体的傾向を理解し，度数分布で児童生徒のちらばりを校長が確認する。学校によっては，自治体テストや業者テストの結果を用いて，要素間比較，相関・回帰分析等を実施し，意思決定に有用なファクトを生成している。一方，米国では，一時点の点数のみを結果として切り取る静的尺度（目標到達）から，発達可能性を踏まえた伸び（成長）として表現する動的尺度への転換が認められる（西野 2016）。

成長を測定する動的尺度の象徴が付加価値モデル（Value-Added Model）である（Koedel et al. 2015，照屋・藤村 2016参照）。付加価値とは，経済学の学術用語であり，教育分野で使用される場合は，一定期間内でのインプットに対する人的資本の蓄積量を意味する（Koedel et al. 2015）。また，付加価値モデルとは，パネル・クラスターデータでの線形回帰モデルによる分析手法を教員評価・学校評価モデルに転用したものであり，教育統計学，教育経済学，計量経済学の各分野の研究者によって無数の方法的検討が加えられてきた（橋野 2019：262頁）。たとえば，Wiswall（2013）では，児童特性（性別・人種・フリーランチ受給・教師との性別の一致・算数スコア・読解スコア），学級特性（クラスサイズ・白人比率・男性比率・教師の経験年数），教師特性（性別・人種・学位・資格試験スコア・異動経験）から児童の学力スコアを予測し，それから求められる予測値と実測値との差を付加価値とみなす方法を採用している[3]。

付加価値モデルは，パネルデータを基盤としており，算出された成長スコアは，教育経済学の手法で分析される傾向がある。校長が参照可能なエビデンスの多くは，従来のデータ・ファクトを付加価値モデルによって再編した成長スコアと教育経済学の応用によって生成されていると言える。既に，学級編制，採用配置，人材育成等の経営課題についてのエビデンスが，教育経済学分野を中心として提示されている(4)。

(1) 学級編制

データ・ファクトからエビデンスの生成が，日本においても順調に進展しているのは，学級規模の縮小効果の教育経済学的研究であろう（たとえば，妹尾他 2013)。学級規模効果のエビデンスは，校内人事配置の意思決定において参照可能である。学力向上に対する学級規模縮小の因果効果を準実験的手法によって解明した研究が蓄積されているが，学級規模縮小の学力向上効果はそれほど大きくはないことが確認されている（Akabayashi & Nakamura 2014，Angrist & Lavy 1999，妹尾他 2014)。ただし，学級規模の縮小効果の対象は，非認知能力としての向社会的行動（伊藤他 2017)，小学校における不登校の減少（中室 2017)，感染症による学級閉鎖リスク縮減（Oikawa et al. 2020）等へと拡張されている。

また，学級規模の縮小と学力向上の調整・媒介要因の解明も着実に進められている。たとえば，非通塾の場合に，学級規模の縮小で学力向上の効果が認められること（Ito et al. 2019)。就学援助の申請や受給を受けている等の経済的不利にある児童において学級規模縮小効果が大きくなること（田中 2020）等の調整効果が解明されている。さらに，学級規模の縮小と学力向上の因果関係においては，小規模学級の方が授業への集中，向上心，発表積極性が高く，教師との信頼関係が強く，クラスの秩序・凝集性が高いこと（須田他 2007)。また小規模学級の方が，フィードバック，学習指導，生徒指導・人間関係，教師の声の伝わり方において利点があること（大杉 2015）等の媒介要因の存在が確認されている。この他，教員加配についても，学力向上や不登校減少（特に経済的に恵まれない家庭の生徒が多い学校）に対して効果を有することが確認されている（田中 2019)。これらの研究成果は，学級規模縮小の実現に対して政策立案過程(5)において参照されるとともに，今後の経営判断レベルでは，少人数での編制を支持する意思決定が促進されるであろう。

⑵ 採用配置

教員の採用配置において教職経験年数・学歴・免許等は重要な情報源である。米国では，付加価値モデルを用いて，教職経験年数の効果の検証が進められている（以下 Wiswall 2013参照)。当然のことであるが，1年目の教員は6年目以降の教員に比べて学力成長スコアを低下させる傾向にある。また，1～3年目の教員は，教職経験豊かなベテラン教員に比べて学級の算数の学習効果が低い。さらに，小学校教員による国語（語彙）の学習効果は，キャリア6年目までは上昇するが，その後は横這いとなる。国語（読解力）の学習効果はキャリア12年目までは上昇傾向が続く。算数計算と数学概念の学習効果は，キャリアの影響を受けない等の効果が明らかにされている。入職当初は付加価値が低位であるが，キャリア10年頃までは上昇する傾向が示されている。それでは，ベテラン教員の効果が高いかと言えば，そうでもない。クロスセクションデータを用いた研究では，30年以上のベテランに比べると，初任者の質は1標準偏差低く，5年目教員の質は0.75標準偏差低いとの結論を得ていた。しかし，付加価値モデルを使用すると，ベテランは初任者よりも0.1～0.2標準偏差高いだけであった。教師の経験年数と読解力スコアとの有意な関係はないと結論づけられている。これらのエビデンスを踏まえると，報酬が高いベテラン教員を多数配置するという意思決定は生じにくい。

それでは，大学院修了（学位・学歴）についてはどうであろうか。残念ながら，大学院修了についても，学習効果への直接的な影響がほとんど認められていない。Hanushek & Rivkin（2006）のレビュー論文では，児童生徒の学力テストスコアに対しては，教師の学歴のポジティブな影響が認められた研究はなく，統計的に有意ではないとする論文（91%)，ネガティブな影響を及ぼすとする論文（9%）の構成となっている。大学院修了者をより多く集めるとする意思決定も，これらのエビデンスを踏まえると妥当ではない。

大学院修了の一歩手前の教員免許所有についてはどうであろうか。教員免許について，従来の免許資格，TF（Teaching Fellow)，TFA（Teach for America)，無資格の間に付加価値得点の大差は無い。TFA が最も効果的とする結果が得られている（Kane et al. 2006)。こうしたエビデンスは，2015年 ESSA における，教員資格（十分な資格を要する教員）ではなく教員効果（付加価値モデルによって測定される成長等）を重視する方針転換（北野 2017）に重要なインパクトを与えていると推察される。教員免許所有者を優先的に採用するという意思決定も抑制される(6)。

教員の質を付加価値モデルで表現することで，教職経験年数，大学院修了，教員免許の存在意義（効果があると信じていたもの）がエビデンスによって否定されている(7)。米国では学級規模縮小の効果にも否定的な研究が多く，それよりも，教員の質を高める実践的な学習・職能成長機会（実践的研修）に投資すべきことが示唆されている（Rivkin et al. 2005）。なお，教員の採用配置に関する研究は，付加価値モデルとの親和性が強く，学力データ以外の指標設定は，確認できなかった。

(3) 人材育成

教職経験・学位・免許資格等で教員の質（teacher quality）を評価する場合，何をどの程度の期間学んだのか，教員を何年勤めたのかについての情報が重要となる。教員育成指標はこの世界観に基づき作成されている。人材育成の重点は，教育委員会が設定する研修体系をこなしていくことに置かれている。経験・学習蓄積による質の向上が児童生徒の成長にどれだけ寄与したかは射程に含まれていない。一方，付加価値モデルでは，生徒の成長という成果への貢献度が教員の質の重要指標となる。人材育成の重点は，実践的な研修や日常的な面談，指導助言となる。日本では努力する教員が，米国では結果を出す教員が，「質の高い教員」として認められる。

教職経験・学位・免許資格によって表現される教員の質は，児童生徒のテストスコアにほとんど影響を及ぼしていない。一方，付加価値モデルで推計される教員の質は，生徒の将来の所得，大学進学率，10代出産抑制等に対して効果を持つことが確認されている（Chetty et al. 2014, Hanushek 2011）。2004～2010年度における付加価値モデルで表現される教員の質は，教員の有効性推定値（teacher effectiveness）が0.1～0.3であり，この数値は学級規模10名分の縮小に相当する。また，質の低い教員（低位５～10％程度）を平均的水準の教員に置き換えることで，生徒の学業成績に対して劇的な効果が認められることを示している（Hanushek 2011）。学級規模の縮小よりも，現場での人材育成に資源を投入する方が有効であるとの示唆が得られる。

付加価値モデルの活用は人材育成の一部である教員評価において議論と実践が進展している（橋野 2019，西野 2016, 2020等）。付加価値モデルによって算出されるスコアを，教員評価においてどのように扱うのか。総得点に占める配分をどの程度に設定するのか等，重大な意思決定が必要となる。日本において付加価値モデルで表現される成長スコアを教員評価と連動させようとするならば，知徳体の成長を視野に入れたアウトカム変数の設定が必要となるであろう。学校・教員の使命が学習指導に焦点化されている国・地域では，アウトカム変数を人的資本とすることの合意形成が容易である。しかし，全人教育を指向する日本の場合は，「知」領域のみならず，少なくとも「徳」と「体」についてのアウトカム変数が必要となる。ローステイクス状態（Muller 2010）で，また，総括的評価ではなく形成的評価として活用（西野 2016）することで，教育分野の付加価値モデルは，教員の人材育成に寄与する可能性を持つ(8)。

6　結 語

本稿は，校長によるエビデンスを参照した意思決定・学校経営実践の実態を確認するとともに，校長が参照可能なエビデンスの形態，その生成方法・過程，経営実践での活用可能性について明らかにすることを目的としていた。

最初に，校長によるエビデンスを参照した意思決定や学校経営実践の実態について検討した。その結果，校長が参照しているのはエビデンスよりもファクトであることが確認できた。データを集計・加工・分析した記述統計等を表現した探索指向のファクト（度数分布・平均・分散・比較・相関・関連・回帰・予測等）が日常レベルでの意思決定における参照知識であり，理論及び実験（準実験）デザインに基づきデータを再編成・分析した確証指向のエビデンス（定量的な因果効果の表現）とは異なることを確認した。ファクト（及び部分的なエビデンス）を参照した意思決定のためには，校長の職能開発，すなわち，ファクトを読み解き意思決定に生かす能力の習得が必要となる。また，意思決定の際に動員する教育的価値や専門的直観についても磨く必要がある。さらには，ファクトを活用し，人々を動かす，リーダーシップ実践の職能開発もあわせて必要となる。

校長が参照するファクトは，今後，データからの自動編集により，ダッシュボード形式で表現されるであろう。ダッシュボードの浸透により，ファクト生成の効率化（徒労感溢れる学校評価データ収集・集計からの解放）と，ファクトの質の向上が期待できる。また，研究者や実践者が研究活動を通して生成する知識についても，意思決定過程において活用することが望ましい。研究者・実践者には，より質の高いファクトの生成が期待される。さらに，研究者・実践者には，ファクトからエビデンスへの科学的知識の水準向上の挑戦が求められる。校長が経営判断において参照可能なエビデンスは存在するものの，学級編制・組織編制・人材育成等に限定されており，その数は多いとは言えない。これらのエビデンスは，教育経済学分野においてインプットとアウトカムの因果効果に特化された，有効性についての知識である。これに加えて，意思決定の影響を受ける人々の納得感を高めるために，調整効果や媒介効果の視点を取り入れた分析（小塩 2018）を実施することや，プロセスであるアクティビティとアウトプット局面のファクト・エビデンスを生成することが，教育経営研究には求められる。

最後に，今後の展望について述べておきたい。今後，CBT とウェブアンケートが定着すれば，学力スコアを含む児童生徒パネルデータの蓄積は容易となるであろう。紐付けという我々にとっての最難関作業が ICT の力で容易にクリアできる。また，付加価値モデルの導入も地域によって進展するところが出現するであろう。付加価値モデルには集団レベルデータもデータセットに含まれることとなるため，学力データ，集団データ，パネルデータという質の高いデータセットが生成されることになる。こうした世界において，研究者には次のような役割が期待される。データを生成する段階では，ダッシュボード開発，学術的／実践的に有用なファクトの生成を支援する。実践レベルで有用なファクトは研修会や講演会で関係者に報告（フィードバック）する。学術レベルで有用なファクトは実践者を含む学会で報告する。データ・ファクトが蓄積され，パネルデータが生成されたところで，エビデンスに相当する因果効果に対応する研究報告をまとめる。教育分野のエビデンスは，今後，研究者・政策立案者・実践者の連携協働を通して，大量に生成されていくことが期待される。そして，今後，我々が着手すべき研究課題とは，このようにして生成されたエビデンスに，どのような状況下において，どのような価値・属性を持った校長が，どのようにアクセスし，それを解釈し，経営実践上の意思決定や改善行動に生かすのかといった，活用の具体的プロセスを明らかにすることである。

［注］

⑴ https://ies.ed.gov/ncee/wwc/（最終閲覧日2021/10/28）。

⑵ たとえば，https://www.caschooldashboard.org/（最終閲覧日2021/10/28）等を参照。

⑶ 一方，橋野（2020）では，過去の成績に照らした今期の相対的な成績で成長を表

現する成長パーセンタイルモデル（Student Growth Percentiles Model）を紹介している。たとえば，１回目のテスト結果に基づき生徒を層化し，２回目のテストでは各層内での位置（１-100）を成長得点とする等，実践担当者にとって理解が比較的容易である。なお，近年では，付加価値モデルやSGPモデルを使用する際に，どの程度学校で授業を受けたのかを明確化するために，出席率のデータを重視すべき点が指摘されている（Diaz-Bilello & Briggs 2014）。

⑷　入山（2019）は，経営学の理論ディシプリンとして，経済学・心理学・社会学をあげている。教育経営学ではこれらのうち経済学のアプローチが極端に脆弱である。

⑸　ただし，エビデンスに基づく意思決定が常に期待通りの効果を生まないことは，カリフォルニア州で行われた学級規模の縮小事例（Jepsen & Rivkin 2009）で示されている。学級規模の縮小によって平均的に子供達の数学と国語の学力は上昇した。しかし，学級規模縮小がもたらす直接的なプラスの効果は，追加的に雇用された教員として経験が少ない質の低い教員が増加したことによってかなりの部分が失われ（学級規模縮小と教員の質のトレードオフ関係），質の低い教員の増加のマイナス影響を最も強く受けたのは，黒人や貧困層の子供達であった。

⑹　さらに，付加価値モデルは，教員養成機関の認証にも影響を及ぼしている（佐藤2013）。米国ルイジアナ州では，レベル１：計画に関する効果（カリキュラムの再設計），レベル２：実行に関する効果（従来のアクレディテーション），レベル３：インパクトに関する効果（修了生数，教員免許試験合格率，修了生からの評点，修了生のメンターからの評点，修了生の教職滞留率），レベル４：生徒の学習の成長度に関する効果（付加価値評価）に区分する。レベル４では，現職を上回る，新任よりも上で現職と同等，新任と同等，新任より下（有意差無し），新任より下（有意差有り）の５段階基準が設定され，新任と同等がボーダーであり，これよりも低水準の場合は厳しい救済措置が待っている。こうした基準に対応するために，教員養成機関は大幅なカリキュラム改革が求められている。

⑺　校長経験年数と児童生徒の成長の関係については肯定的な影響を支持する研究が複数報告されている。たとえば，校長経験年数６年以上の場合，生徒の学力成長を１年間で５％以上変動させ，特に貧困地域において，校長の経験年数による学力成長への影響が大きいこと，校長交替が学力成長に及ぼす影響が大きいことが判明している（Branch et al. 2012）。また，校長の経験年数は，教員離職を抑制する効果を持つ（Clark et al. 2009）。教員の離職抑制に対する効果は，特に校長経験年数４年目以上において認められる（Branch et al. 2012）。

⑻　Hanushek（2010）は，付加価値モデルで表現される教員の質に関するエビデンスを教員評価等の場面で使用する際の注意点を以下のように提示している。要約すると，①付加価値モデルを使用したエビデンスはローステイクステストに基づいてい

る。②ハイステイクステストの場合は，ローステイクステストで生成した研究成果＝エビデンスと同様の効果が得られない可能性があること。③テストの妥当性（目標・指導内容を測定しているか）・信頼性（測定結果の再現性や安定性）の問題や測定誤差は完全にコントロールできないこと。④学級編制方法や学級特性，学校選択の影響等，重要な変数がモデル構築において考慮されていない。⑤極めて困難な学級に割り当てられた教師への配慮の欠如。⑥ハイステイクステストとする場合は，教員の不正行為，テスト対策の授業の増加，テスト対象外の科目の軽視等の弊害が生じる可能性があること等を指摘している。

［参考文献］

・Akabayashi, H., & Nakamura, R. (2014). Can small class policy close the gap?: An empirical analysis of class size effects in Japan. *Japanese Economic Review*, 65, pp.253-281.

・Angrist, J.D. & Lavy, V. (1999). Using Maimonides' rule to estimate the effect of class size on scholastic achievement. *The Quarterly Journal of Economics*, 114, pp.533-575.

・別所俊一郎・田中隆一・牛島光一・川村顕・野口晴子「区立小学校での補習の効果：足立区のケース」『フィナンシャル・レビュー』第141号，2019年，141-159頁。

・Branch, G. F., Hanushek, E. A., & Rivkin, S. G. (2012). *Estimating the effect of leaders on public sector productivity: The case of school principals*. NBER Working Paper NO. 17803. National Bureau of Economic Research.

・Bridges, D., Smeyers, P., & Smith, R. (2009). Evidence-based education policy: What Evidence? What Basis? Whose policy? Wiley-Blackwell: UK.（柘植雅義・葉養正明・加治佐哲也翻訳『エビデンスに基づく教育政策』勁草書房，2013年）

・Chetty, R., Friedman, J.N., & Rockoff, J.E. (2014). Measuring the impacts of teachers Ⅰ: Evaluating bias in teacher value-added estimates. *American Economic Review*, 104(9), pp.2593-2632.

・Clark, D., Martorell, P., & Rockoff, J. (2009). *School principals and school performance*. CALDER Working Paper 38. Urban Institute.

・Darling-Hammond, L., LaPointe, M., Meyerson, D., Orr, M.T., & Cohen, C. (2007). *Preparing school leaders for a changing world: Lessons from exemplary leadership development programs*. Stanford, CA: Stanford Educational Leadership Institute.

・Datnow, A. & Park, V. (2014). *Data-driven leadership*. Jossey-Bass: CA.

・Davis, P. (1999). What is evidence-based education? *British Journal of Educational Studies*, 47(2), pp.108-121.

・Diaz-Bilello, E.K., & Briggs, D.C. (2014). Using student growth percentiles for educator evaluations at the teacher level: Key issues and technical considerations for school districts in Colorado. Report commissioned by the Colorado Department of Education. Boulder, CO: Center for Assessment Design Research and Evaluation (CADRE). https://www.cde.state.co.us/educatoreffectiveness/usingstudentgrowthpercentilesforee.

・Duflo, E., Glennerster, R., & Kremer, M. (2008). Using randomization in development Economics research: A toolkit. Schultz, P., & Strauss, J. *Handbook of Development Economics,* Vol.4.（小林庸平監訳『政策評価のための因果関係の見つけ方ーランダム化比較試験入門ー』日本評論社，2019年）

・Halverson, R., Grigg, J., Prichett, R., & Thomas, C., (2007). The new instructional leadership: Creating data-drive instructional systems in school. *Journal of School Leadership*, 17, pp.159-194.

・Hanushek, E.A. (2011). The economic value of higher teacher quality. *Economics of Education Review*, 30, pp.466-479.

・Hanushek, E.A., & Rivkin, S.G. (2006). Teacher quality. Hanushek, E.A. & Welch, F.(eds.) *Handbook of the Economics of Education,* Volume2. pp.1052-1078.

・Hanushek, E.A., & Rivkin, S.G. (2010). Generalizations about using value-added measures of teacher quality. *American Economic Review*, 100 (2), pp.267-271.

・橋野晶寛「教員・学校評価における SGP モデルの方法的検討」『東京大学大学院教育学研究科紀要』59巻，2020年，261-272頁。

・橋野晶寛「教育政策分野における付加価値モデルの方法的論点」『北海道教育大学紀要（教育科学編）』69巻2号，2019年，59-72頁。

・Hatti, J. (2009). Visible learning: *A synthesis of over 800 meta-analyses relation to achievement.* Routledge: NY.（山森光陽監訳『教育の効果ーメタ分析による学力に影響を与える要因の効果の可視化ー』図書文化，2018年）

・Hatti, J., & Yates, G.C.R. (2014). *Visible learning and the science of how we learn*. Routledge: NY.（原田信之他訳『教育効果を可視化する学習科学』北大路書房，2020年）

・入山章栄『世界標準の経営理論』ダイヤモンド社，2019年。

・伊藤大幸・浜田恵・村山恭朗・髙柳伸哉・野村和代・明翫光宜・辻井正次「クラスサイズと学業成績および情緒的・行動的問題の因果関係ー自然実験デザインとマルチレベルモデルによる検証ー」『教育心理学研究』65巻4号，2017年，451-465頁。

・Ito, H., Nakamura, M., Yamaguchi, S. (2019). Effects of class-size reduction on cognitive and non-cognitive skills. Center for Research and Education for Policy Evaluation (CREPE) Discussion Paper 49, pp.1-48.

・岩崎久美子「エビデンスに基づく教育ー研究の政策活用を考えるー」『情報管理』60巻1号，2017年，20-27頁。

・Jepsen, C., & Rivkin, S. (2009). Class size reduction and student achievement: The potential tradeoff between teacher quality and class size. *The Journal of Human Resources*, 44 (1), pp.224-250.

・Kane, T.J., Rockoff, J.E., & Staiger, D.O. (2008). What does certification tell us about teacher effectiveness? Evidence from New York City. *Economics of Education Review*, 27, pp.615-631.

・北野秋男「オバマ政権の教育改革—RTTT 政策から ESSA 法まで—」『国際教育』23巻，2017年，1-16頁。

・Koedel, C., Mihaly, K., & Rockoff, J.E. (2015). Value-added modeling: A review. *Economics of Educational Review*, 47, pp.180-195.

・国立教育政策研究所編・大槻達也ほか『教育研究とエビデンス—国際的動向と日本の現状と課題—』明石書店，2012年。

・Kowalski, T.J., Lasley, T., & Mahoney, J.W. (2007). *Data-driven decisions and school leadership: Best practices for school improvement*. Allyn & Bacon: Boston.

・Luo, M. (2008). Structural equation modeling for high school principals' data-driven decision making: An analysis of information use environments. *Educational Administration Quarterly*, 44 (5), pp.603-634.

・Muller, J. Z. (2018). *The tyranny of metrics*. Princeton Univ. Press.（松本裕訳『測りすぎ—なぜパフォーマンス評価は失敗するのか？—』みすず書房，2019年）

・中室牧子「少人数学級はいじめ・暴力・不登校を減らすのか」RIETI Discussion Paper Series 17-J-014, 2017年，1-37頁。

・西野倫世「現代米国の学校改善事業にみる学力測定結果の活用状況と課題—テネシー州チャタヌーガ市の Value-Added Assessment をめぐる動向—」『日本教育行政学会年報』42巻，2016年，130-146頁。

・西野倫世「アメリカの教員評価にみる学力テスト結果の利活用をめぐる課題—ワシントン D.C. の Value-Added モデルを中心に—」『日本教育経営学会紀要』第62号，2020年，134-145頁。

・OECD/CERI (2007). *Evidence in education: Linking research and policy*. OECD: Paris.（岩崎久美子・菊澤佐江子・藤江陽子・豊浩子訳『教育とエビデンス—研究と政策の協同に向けて—』明石書店，2009年）。

・大橋弘『EBPM の経済学—エビデンスを重視した政策立案—』東京大学出版会，2020年。

・大杉昭英『少人数指導・少人数学級の効果に関する調査研究【平成25～26年度】』国立教育政策研究所，2015年。

・Oikawa, M., Tanaka, R., Bessho, S., Noguchi, H. (2020). Do class size reductions protect students from infectious disease? Lesson for COVID-19 policy from flu epidemic in Tokyo

metropolitan area. *IZA Institute of Labor Economics*, DP No. 13432, pp.1-30.
・小塩隆士『くらしと健康―「健康の社会的決定要因」の計量分析―』岩波書店，2018年。
・Pak, K., & Desimone, L.M. (2019). Developing principals' data-driven decision-making capacity: Lessons from one urban district. *Phi Delta Kappan*, March 25.
・Rivkin, S.G., Hanushek, E.A., & Kain, J.F. (2005). Teachers, schools, and academic achievement. *Econometrica*, 73 (2), pp.417-458.
・佐藤仁「米国ルイジアナ州における教員養成アカウンタビリティ・システム―付加価値評価導入に至る段階的改革の分析―」『福岡大学研究部論集B：社会科学編』6巻，2013年，19-26頁。
・妹尾渉・北條雅一・篠崎武久・佐野晋平「回帰分断デザインによる学級規模効果の推定―全国の公立小中学校を対象にした分析―」『国立教育政策研究所紀要』第143集，2014年，89-101頁。
・妹尾渉・篠崎武久・北條雅一「単学級サンプルを利用した学級規模効果の推定」『国立教育政策研究所紀要』第142集，2013年，161-173頁。
・Shavelson, R.J., & Towne, L. (2002). Scientific research in Education: Supporting principles for evidence based policy making. National Research Council.（齊藤智樹編訳『科学的な教育研究をデザインする―証拠に基づく政策立案（EBPM）に向けて―』北大路書房，2019年）。
・惣脇宏「英国におけるエビデンスに基づく教育政策の展開」国立教育政策研究所編・大槻達也ほか『教育研究とエビデンス―国際的動向と日本の現状と課題―』明石書店，2012年，25-77頁。
・須田康之・水野考・藤井宣彰・西本裕輝・高旗浩志「学級規模が授業と学力に与える影響―全国4県児童生徒調査から―」『北海道教育大学紀要（教育科学編）』58巻1号，2007年，249-264頁。
・杉田浩崇・熊井将太編『「エビデンスに基づく教育」の閾を探る―教育学における規範と事実をめぐって―』春風社，2019年。
・田中隆一「教員加配の有効性について」『会計検査研究』No.59，2019年，105-125頁。
・田中隆一「根拠を活用した教育政策形成へ向けて―自治体教育データを用いたクラスサイズ縮小効果の検証―」『社会保障研究』第5巻第3号，2020年，325-340頁。
・照屋翔大・藤村祐子「アメリカの教員評価をめぐる付加価値評価モデル（Value-Added Model）の動向」『日本教育経営学会紀要』第58号，2016年，118-130頁。
・津田広和・岡崎康平「米国における Evidence-based policymaking (EBPM) の動向」RIETI Policy Discussion Paper Series 18-P-016, 2018年，1-59頁。
・露口健司『学校組織の信頼』大学教育出版，2012年。

・豊浩子「米国のエビデンス仲介機関の機能と課題―米国 WWC 情報センター（What Works Clearinghouse）の例より―」『国立教育政策研究所紀要』第140集，2011年，71-93頁。

・Wiswall, M. (2013). The dynamics of teacher quality. Journal of Public Economics, 100, pp.61-78.

Possibility of Utilizing Evidence in Decision-making of Principal: Data, Fact, and Evidence

Kenji TSUYUGUCHI (Ehime University)

The purpose of this study is to clarify the following three research questions (RQ). The first RQ is to clarify the actual situation of principal's decision-making by referring to the evidence. The second RQ is to clarify the generation method of evidence that can be referred to by the principal. The third RQ is to clarify the possibility of utilizing the evidence in the school management practice.

First, we examined the actual situation of decision-making and school management practice with reference to the evidence. As a result, it was confirmed that what the principal refers to in school management practice is fact rather than evidence. A search-oriented fact that expresses descriptive statistics obtained by aggregating, processing, and analyzing data is the referenced knowledge in decision-making at the practice level.

Next, we examined how to generate evidence (fact) that the principal refers to. The facts referenced by the principal will be represented in dashboard format by automatic editing from the data in the future. The penetration of dashboards can be expected to improve the efficiency of fact generation and the quality of facts. Facts generated by researchers and practitioners through research activities should also be utilized in the decision-making process. Researchers and practitioners are expected to produce higher quality facts in schools. In addition, researchers and practitioners need the challenge of raising the level of scientific knowledge from facts to evidence.

Finally, we examined the possibility of utilizing evidence in school management practice. These are knowledge of effectiveness, specialized in the causal effects of inputs and outcomes. Educational Administration researcher is required to generate facts and evidence of the activity and output process to increase the conviction of those affected by decision-making. For decision-making with reference to evidence, it is necessary to acquire the ability to read the evidence and utilize it in decision-making.

●—— 特集：エビデンスと学校経営 ——

学校経営におけるエビデンス活用の限界と可能性
―イギリスを事例として―

国立教育政策研究所　植田みどり

1　はじめに

日本では2017年の「経済財政運営と改革の基本方針2017～人材への投資を通じた生産性向上～」において，エビデンスに基づく政策立案を推進することが記述されて以降，「証拠に基づく政策立案（Evidence-Based Policymaking, EBPM)」を推進している。文部科学省においても，第3期教育振興基本計画(2018年）で，客観的な根拠を重視した教育政策の推進を図るための取り組みを示すなど，教育政策における EBPM を推進してきている。2021年3月には文部科学省の「教育データの利活用に関する有識者会議」が「教育データの利活用に係る論点整理」を発表し，GIGA スクールの整備と関連させ，ビッグデータに基づく研究と教育活動の改善の在り方を提示している。さらに2021年6月には教育再生実行会議が第12次提言「ポストコロナ期における新たな学びの在り方について」を発表した。そこでは，データ駆動型教育への転換を掲げ，データに基づく教育政策の立案に加えて，学習履歴等の教育データを活用した一人一人に応じた指導など，ICT を活用したデータ駆動型の教育への転換による学びの変革の推進が提言されている。このように，教育活動にもデータ等のエビデンスを活用することが推進される方向にある。

一方で，エビデンスに基づく教育に対する批判は様々に指摘されている。その論点を整理すると，①教育の本質の歪曲，②教育実践の矮小化，③教育の重要な目的や課題の排除，④もう一つの研究伝統・方法論の無視，⑤専門家の自律性の剥奪，⑥データのねつ造・偽装にまとめることができる（松下 2015)。しかしこのような批判がありながらも，前述した政策動向からも分かる通り，教育政策や学校教育においてもエビデンスに基づく教育活動を追究する動向は普及し始めている。では，なぜエビデンスに基づく教育活動が必要なのであろうか。またすでに取り組んでいる国々においては，どのようにエビデンスに基づく活動を行っているのか。これらを解明することは，日本の今後の在り方を検討する上で示唆を得ることができると考える。

これまでEBPM全般に関して，独立行政法人経済産業研究所が積極的に調査研究を行い発信している[1]。教育政策におけるEBPMについても多くの調査研究がなされてきている（OECD教育研究革新センター 2009，国立教育政策研究所 2012，D.ブリッジ他 2013，三菱UFJリサーチ＆コンサルティング 2017，惣脇 2019，大橋 2020）。また，エビデンスに基づく教育の在り方について扱った研究も見られる（杉田 2014，松下 2015，石井 2015，今井 2015，杉田・熊井 2019，武田 2021）。実践的な事例を扱ったものもある（森・江澤 2019）が，先行研究の多くは概念や理論的な側面から研究されたものである。エビデンスを活用した教育活動を実践できる学校をどう作るのか，その学校をどう経営し，教育活動の充実につなげていくのかという学校経営の視点からの研究は少ない。

今後は，教育再生実行会議第12次提言や教育データの利活用に関する有識者会議で提言されているような，学習指導も含めた教育活動におけるエビデンス活用の在り方を検討することが重要である。

そこで本稿は，教育活動においてエビデンスを活用した学校経営に取り組んでいる国の一つであるイギリス[2]を事例として取り上げ，どのようにエビデンスを学校経営に活用しているのか，それはどのような制度的枠組みの中で機能しているのか，そしてその活用の結果としてどのような限界と可能性が示されているのかについて解明することを目的としている。

2　エビデンスを活用した教育とは

まず始めに，エビデンスを活用した教育に関する言葉について整理したい。前述したように，日本の政策議論の文脈においては，「証拠に基づく政策立案（EBPM）」という言葉が主に用いられている。しかし，政策研究においては政策改善サイクルに着目する概念として「Evidence Informed Policy and Practice, EIPP」という言葉も用いられている（末冨 2021，Levačić and Glatter 2001，Boaz et al. 2019）。

エビデンスに基づく教育という概念は，「Evidence-Based Education, EBE」という言葉が用いられることが多いが，国によって，引用される文脈や教育を取り巻く状況の変化に応じて多様な言葉が用いられてきている。イギリスにおいて用いられている主な言葉としては，「Evidence-Based Practice, EBP」，「Evidence-Informed Practice, EIP」，「Research-Informed Practice, RIP」などがある。それぞれの定義は次の通りである（Godfrey 2017）。

EBP：児童生徒の進歩を助けるのに効果的な介入または戦略に関するエビデンスの結果に基づく，教育実践または学校レベルのアプローチ

EIP：研究，アクションリサーチや授業研究などの実践者の調査，およびその他の日常的に作成される学校データの体系的な組み合わせ

RIP：調査結果とそれらから生成された理論の両方を考慮に入れて，研究者と実践者が研究の実施と活用に関する批判的な考察と関与を含む形で積極的に調査するプロフェッショナリズムのモード

イギリスでは，1990年代後半からEBEの重要性が指摘されてきた。その発端は，1996年にデービット・ハーグリーブス（以下D. ハーグリーブス）が教員研修機構（Teacher Training Agency, TTA）で行った講演「研究に基づく専門職としての教育：可能性と期待 Teaching as a research-based profession: Possibilities and prospects」（Hargreaves 2007b）である。彼はこの講演の中で，教育学研究と教育政策及び実践の望ましい関係について医療と比較しながら，教員が研究に基づく専門職となっていない点を指摘し，教育学研究の在り方について論じた。教育学研究は，教員が自分の実践を変えようとするときに，その変化の効果や手段をその教員に説得力のある形で示す方法を持ち合わせておらず，その結果，教育実践に寄与していない，また他方で教員も自分の経験や私的な試行錯誤から学ぶことが多いとして現状を批判した。そして，実践者や政策立案者が教育学研究全体の方向性を作り出すことに関与するとともに，研究者は彼らを研究パートナーとして捉え，彼らに研究内容を相談するとともに，研究共同体として説明責任を果たしていかなければならないと主張していた（杉田2014）。また，教員をエビデンスに基づく専門職として確立するため，教育実践がより実証的なエビデンスに基づくようになること，それには研究課題の設定や研究プロセス，研究費配分に政策立案者や実践者が関与することが重要であるとして，教育研究の国家戦略を策定する国立教育研究フォーラム（National Education Research Forum）の創設を提言した（Hargreaves 2007 b，三菱

UFJ リサーチ＆コンサルティング 2017)。そして彼は，教員の専門職性について，状況に応じた実践的判断を行うことと，その基礎として実践的な経験や知識に加えてエビデンスがあること，そのエビデンスは教員の判断に情報提供するものであることを主張した。

このようなD. ハーグリーブスの主張に対して，ハマースレイやビースタなどが反論を行っている。ビースタによるD. ハーグリーブスの主張に対する批判は，第一に教育目的が「学習化」していることに着目した批判，第二に専門職行為の因果モデルに依拠していることへの批判，第三にデューイの「探究」を核にした認識論に基づいた表象主義的知識観への批判である（杉田 2014)。またハマースレイは，D. ハーグリーブスが主張する研究に基づいた専門職がとるエビデンスに依拠した説明責任は，実践家の専門的判断を意気阻喪させ掘り崩す結果をもたらすと批判している（今井 2015)。この点はビースタも，教育実践家が最終的に依拠するのは，“何が教育的に望ましいのか”に関わる規範のような判断であるべきで，EBE は教育実践者がその判断を下す機会を大幅に制約すると批判している（今井 2015)。

このようなD. ハーグリーブスの主張とそれに対する批判の中で明らかにされたことは，第一にエビデンスは「何が有効か」ではなく「何が有効であったか」を示す情報でしかない。第二に「何が教育的に望ましいのか」という規範的な判断が重要であり，それは教員の専門的な判断に依拠すべきである。第三に，エビデンスに従わないという権限がエビデンスを活用する教育の過程において，教員の倫理性として保障されていることが重要である（杉田 2014)。すなわち，エビデンスを万能薬として捉えるのではなく，エビデンスに基づいた教員の専門的判断が保障されることが重要なのである（Davies 1999)。そのためには，第一に教員の専門的判断ができるようなエビデンスが提供されること，第二にエビデンスを活用できる環境が整備されていること，第三にエビデンスを活用できる人材が育成されていることが重要であると考える。

3　イギリスにおけるエビデンスを活用した学校経営の取り組み

教育においてエビデンスが必要とされるようになった背景としては，教育における成果主義や結果至上主義，あるいは新自由主義的教育改革などの動向が影響しているといわれている（石井 2015)。すなわち，アンディー・ハーグリーブスが指摘するようなスタンダードに基づく教育改革によってもたらされた公教育の新しいガバナンスの在り方や（Hargreaves 2012），ハマースレイが指摘するような透明性のある説明責任の要請（Hammersley 2004）ということである。このような背景をイギリスの文脈で捉えるならば，1992年から導入された教育水準局（Office for Standards in Education and Children's Services and Skills, Ofsted）による学校監査（School Inspection）が挙げられる。また，2010年にD. ハーグリーブスらが提言し，イギリスにおける学校経営の基盤的理念となっている自己改善型学校システム（Self-Improving School System, SISS）(3)により，学校がエビデンスを活用した判断を行いながら自律的に学校経営を行っていくことがより重視されてきたことが挙げられる（Godfrey 2017）。

イギリスにおいてエビデンスを活用するという局面には，WWC（What Works Centre）(4)の役割として定義されている三つがある（内山他 2018）。第一に創出（generation：ランダム化比較試験（RCT）を中心とした研究の支援，系統的レビュー，文献レビュー），第二に伝達（transmission：政策立案や実践の現場で利用できる形に工夫），第三に活用（adoption：エビデンスに基づくガイダンスの提示）である。そこで，本稿でもこの三つの局面に着目して，イギリスにおけるエビデンスを活用した学校経営の取り組みについて整理する。なお，ここでいうエビデンスとは，イギリスにおいては広義で捉えられていることから（内山他 2018：2頁），因果効果や因果関係を示すものから，統計的なデータ，ファクトまで含む広義な概念として捉える。

(1) 創出する仕組み

イギリスでは当初，RCT等がエビデンスの中心であったが，既存の多様なデータを蓄積したデータベースが構築されたことにより，これらのデータを活用して多様な主体による調査結果が生み出されたことから，それらを統合し，検証することで質の高いエビデンスを創出するという仕組みが整備されてきた（Breckon & Gough 2019）。

教育における代表的なデータベースが，教育省（Department for Education, DfE）が整備しているNational Pupil Database（NPD）である。NPDは，教育省が管理しているデータベースで，教育省において活用されるだけでなく学校教育の制度設計や評価のために，外部の研究者に特定のプロジェクトでの利用に限って情報公開するデータベースである。大学や研究機関は利用申請を行い，承認された後に利用し分析を行うことが可能となっている。NPDでは，児童生徒ごとに情報が統合されており，住所，学校名，全国共通試験の点数等の教育に関する項目，児童生徒の性別，人種，第一言語，社会的養護に関する事項，特別な教育的配慮に関する項目，無料給食の受給の有無等の属性情報が連結されている。児童生徒単位での分析と，学校単位での分析の両方が可能な設計になっている。このようにNPDには個人情報が含まれているため，データ保護法（UK Data Protection Act）等の規則に基づいて厳格に管理されている。

多様な主体により創出された研究成果はWWCにおいて整理され，WWCの一つであるEIF（Early Intervention Foundation）のエビデンスの基準(5)等を参照しながら，エビデンスとしての質が検証され，政策立案者及び実践者が活用することが可能な形で公表される。

⑵ 伝達する仕組み

エビデンスを伝達することにおいては，エビデンスを創出する供給者側とエビデンスを活用する需要者側との間を仲介する存在が重要となる。イギリスにおいてその仲介者として重要な役割を果たしているのが，前述したWWCである。WWCは，政策立案者や実践者が意思決定を行う際に活用することのできる質の高いエビデンスを創造し，伝達し，活用することを目的として創設された組織である（田中 2020）。その機能を整理すると下記の通りである（WWN 2018，内山他 2018）。

・1次研究の実施（produce primary evidence）
　：RCT等のエビデンスを創出する1次研究を実施，支援すること
・既存エビデンスの統合（synthesize existing evidence）
　：既存のエビデンスの質を評価し，何が解明されたかを整理すること
・エビデンスの翻訳（translate evidence）
　：政策や実践の効果を比較した上で，誰もが理解できる形に整理すること
・エビデンスの普及（disseminate evidence）
　：整理（翻訳）したエビデンスを公表し，利用者に届けること
・エビデンスの活用（implement evidence）
　：政策立案者や実践者がエビデンスを活用することを支援すること
・エビデンスと活動支援（evidence and improve practice）
　：評価活動や実践へのエビデンスの適用を政策立案者や実践者ができるよ

うに支援すること

WWCは，これらの機能を一連の活動としてサイクルで行う。このサイクルを回す中で，政策立案者や実践者が意思決定していく上で必要なエビデンスが欠如していることが明らかとなった場合には，WWCも1次研究を行う。

イギリスでは，このようなエビデンスを整理し，翻訳し，活用することを支援する組織が整備されたことで，エビデンスを唯一の答えとしてそれに基づいた活動をするのではなく，エビデンスを基に政策立案者や実践者が，何が望ましいかを考え，教育政策立案や学校教育の現場での意思決定を可能にする仕組みが整備されているのである。

⑶ 活用する仕組み

イギリスにおいてエビデンスを活用する仕組みとして重要な取り組みとなっているのが，WWCが作成するツールキット（Toolkit）である。例えば，社会経済的に不利な立場にある児童生徒の学力向上を担当しているEEF（Education Endowment Foundation）は，教授学習に関するツールキット（Teaching and Learning Toolkit）を作成し，ウェブ上で公表している。このツールキットには，政策介入にかかるコスト（5段階），エビデンスの強さ（5段階），平均的なインパクト（マイナス4～8か月分）[6]の視点から各施策の評価が示されている。例えば，補助教員（Teaching Assistant Intervention）[7]では，コストは3段階，エビデンスの強さは3段階で，インパクトは4か月分程度とされている。このようなエビデンスの質に関する結果のほかにも，調査研究で解明されたポイント，効果的なアプローチ，格差を埋める方法，施策実施の留意点，コスト，エビデンスの内容など，調査研究や実践をする際の参考となる情報等が整理され，公開されている。このようなツールキットは，教員が専門的判断を行う際の根拠として重要な機能を果たしているとされている（Wrigley 2016）。

またイギリスでは，学校においてエビデンスを活用した学校経営が実践できる人材の育成にも取り組んでいる。特に学校管理職の職能開発に力を入れている。校長の専門職基準（Headteacher standards）[8]を作成し，その基準に基づいた学校管理職になるための資格としての全国専門職資格（National Professional Qualification, NPQ）が整備されている（取得は義務ではないが，取得が推奨されている）。全国専門職資格における校長資格は，校長研修プログラム（National Professional Qualification for Headship, NPQH）を修了することで取得できる。

校長の専門職基準では，下記のように，教授活動，学習指導，継続的な学校改善の項目において「evidence-informed」という言葉で，エビデンスを活用した取り組みの重要性を提示している。

・教授活動において校長は，効果的な教育と児童生徒がどのように学ぶかについてのエビデンスを活用した理解に基づいて，すべての主題とフェーズにわたって質の高い専門家の教育を確立して維持し，教育が主題分野の明確な性質を尊重する高レベルの主題の専門知識とアプローチによって支えられていることを確認する。
・学習指導において校長は，（中略）読解力に関するエビデンスを活用したアプローチの提供を通して，（中略）児童生徒の知識とカリキュラムの理解を評価するときに有効で信頼性が高く比例したアプローチが使用されることを保証する。
・継続的な学校改善において校長は，効果的かつ比例的な評価プロセスを利用して，学校の有効性を制限する複雑または永続的な問題や障壁を特定，分析し，改善の優先分野を明らかにして，現実的で的を絞った計画の一部として，適切なエビデンスを活用した改善戦略を策定する。

また校長研修プログラムの研修内容を規定するフレームワーク(9)の冒頭では，「優れた教育と優れた学校のリーダーシップの中心にあるのは，エビデンスを活用した（evidence-informed）何が最も有効か（what works）についての理解の共有である。」として，エビデンスを活用する能力が校長の資質能力において重要であることを示している。具体的な項目においても，「職能開発においては，教員がエビデンスを活用した新しいアイデアを計画，試行，そして実装するための時間を確保すること」「効果的な実装は，的確に問題状況を診断し，何を実装するのかをエビデンスを活用して意思決定することから始まる」などが示されている。これらのことを理解し，実践できるようにするための資質能力を育成するために，統計分析手法等の学習，データを用いたケーススタディなどのプログラムが提供されている。

4　エビデンスの活用の検証から示唆される学校経営の特徴

前述したようにイギリスでは，1996年のD. ハーグリーブスの講演を契機として，エビデンスを活用した教育の議論において，教員の専門的な判断を教育実践の中で行うことの重要性が指摘されてきた。また，市場原理やアカウンタビリティ重視の政策の中で，エビデンスが唯一無二の解答として判断され，エビデンスが，今井が指摘する政治的・レトリック的な効果（今井 2015）を持つような状況，すなわち，エビデンスを活用して策定されたという形で様々な施策が政治主導で学校にもたらされることで，教員の専門職としての判断が機能しなくなってしまうということへの懸念から，教員の専門的な判断を担保するための研究の在り方とその成果を専門的な判断において活用することの重要性も指摘されてきている（Davies 1999）。

このような状況に対してイギリスでは，これまでのエビデンスを活用した教育活動が，学習指導の改善や学校改善に寄与してきたのかを検証し，今後のエビデンスを活用した教育の在り方について提言している（Sharples 2013, NFER 2014a, 2014b, Hammersley-Fletcher et al. 2015, Coldwell et al. 2017, Brown and Zhang 2017, Nelson et al. 2017, 2019, Walker et al. 2019, 2020）。例えば，ウォルカーらが行った調査研究（Walker et al. 2019）では，ネルソンらが行った2014年（NFER 2014b）と2017年（Nelson et al. 2017）の調査結果と比較しながら，研究が教員の意思決定に影響を与える傾向にあまり変化がないことを指摘している。そして分析結果から，研究的な文化を持つ学校（教職員が情報源に批判的に関与することを支援するための正式な手続きがあること，実験や新しいアイデアの導入を評価すること，協働的な学習を促進するなどの研究的な文化がある学校）と，個々の教員が教授活動を選択する際に研究を活用する学校（教員が研究成果から新しい教授技術を導入する，研究成果を使って教育実践を変更する学校）という二つの特徴がイギリスの学校にあることを明らかにした。

これらの調査研究から，D.ハーグリーブスやビースタらに共通して指摘されていた教員の専門職としての倫理観や判断力の重要性が改めて指摘されている。そして，教員が専門職としての判断を行う際に研究に基づくエビデンスを活用すること，そのために学校現場の教員と研究者が協働して研究を行い，その研究の成果をエビデンスとして活用するという「Research Based / Informed / Engaged」という視点が重要であることが指摘されている。さらに，教員は実践者であり，かつ研究の当事者として研究に関わるとともに，研究によってもたらされる結果を理解してエビデンスとして活用するという学校の仕組みの構築が重要であると指摘されている。例えば，ダービンらの研究（NFER 2014a)

では，Evidence-Informed Practice（EIP）に基づいて，学級内での取り組みを改善するためにどのようにエビデンスを活用するのかについて研究を行った。彼らはEIPを，研究に基づくエビデンス，専門的経験と判断，学級内の状況と学習者のニーズ，経営と児童生徒のデータの四つに基づいて行われる活動と定義し，これら四つの活動を結びつけたエビデンスを生み出すプロセスを学校内に構築することが重要であると指摘している。そこでは，第一に学校や教員のニーズに基づく研究であること，第二に既存の研究を基盤として研究委員会を構築すること，第三に研究方法及び報告を分類するための基準を開発することが，効果的なエビデンスの提供においては重要であるとしている。そして，学校のニーズや課題に基づいて研究者等が研究を設計し，その結論を学校や教員が利用可能な形に転換（翻訳）して学校に提供する。そして学校はそれを実践し，その実践の中で生じた課題等を基に研究者等が新たな研究を構築するというサイクルが生まれることが，研究に基づくエビデンスを活用した教育活動を実施する上で重要であるとしている。

5　考 察

イギリスでは，これまで述べてきたように，RCT中心のエビデンスへの反発や，エビデンスが教員の専門的な判断を制限することへの批判など，エビデンスを活用することの限界が指摘されながらも，その限界に伴う課題を克服し，エビデンスを活用した教育の推進を図るための可能性を模索している。例えば，2013年に教育省がゴードンエイカーの提言（「Building Evidence into Education」）を発表し，RCTへの疑問や批判に回答を示しながら，教育分野における実証的な方法やエビデンスの構築の重要性と，教員が日常的にエビデンスを活用する文化を構築するために「情報の構造化」が必要と主張した。そして，教員が研究を批判的に吟味できる消費者になること，研究者との協働ネットワークを構築することなどの方向性を示した（Goldacre 2013，三菱UFJリサーチ&コンサルティング 2017）。

このような方向性に基づく模索をしているイギリスでは，研究に基づくエビデンスを活用する教育を推進する取り組みを行っている。その特徴を整理すると次の三点にまとめることができる。第一に教員や学校のニーズに基づいた研究を実施することである。研究成果を教育実践や学校の改善に活用していくためには，需要者側である教員や学校の現状やニーズを供給者側である研究者が踏まえることが重要である。そのためには，教員や学校と研究者をつなぐ仲介者や仲介する場が重要である（Sheard 2015）。これらにより，D. ハーグリーブスが指摘するような研究と実践のギャップという課題（Hargreaves 2007b）を埋めることも可能になると考える。第二に，教員を教育実践と研究双方の当事者として位置付けることである。エビデンスを生み出す研究は教員や学校のニーズに基づいて行われるべきものである。つまり，教員自身が当事者として研究のプロセスに関わり，自らが抱える課題やニーズを研究の場に持ち込むことが重要である。第三に，教員の専門性に基づく自律的な判断行為を保障することである。エビデンスに基づく教育はビースタが指摘するように，「何が教育的に望ましいか」という規範的判断を教員がする機会を大幅に制約していることが問題である（Biesta 2007）。しかし，教員が規範的判断を行うためには，その判断の根拠となる情報や知識等のエビデンスは必要である。その意味で，EEF のツールキットのように，研究成果や情報を収集整理し，教員が理解しやすいように転換（翻訳）して，教員が活用できるようなものとして提供する仕組みが重要なのである。

このような仕組みを実装するために，RCT 等の研究を活用するだけでなく，学校自体を研究の場として位置付け，様々な研究を行う取り組みが推進されてきている。例えば「Research -Engaged School」から「Research school」「Research–Sensitive School」につながる取り組みは示唆的である（NCSL 2006, Scott and McNeish 2013, Godfrey 2016, Coldwell et al. 2017, IEE 2021）。「Research -Engaged School」とは，2003年にマクベスらにより提唱され，開発，実践されたものである。これは，研究者が学校に関わり，教員と協働しながら，教育と学習に関する重要な問題を調査すること，教員の育成に関する問いを活用すること，データと経験を知識に転換すること，意思決定に証拠を活用すること，学習コミュニティを促進することに取り組むものである（NCSL 2006, Godfrey 2016）。この取り組みを通して，学校に研究の文化を根付かせることで，教員が研究に関わる当事者となり，かつ教員がその研究を基にしたエビデンスを活用して教育活動の意思決定を行うことで，教育活動の改善を図る学校づくりを目指している。この活動は，2011年に創設された Teaching School につながるものである。Teaching School は，学校経営において優れた学校（学校監査で最上位の Outstanding の評価を受ける等が基準）の中から申請に応じて教育省が認定するものである。これは，創設当初においては研究開発（research &

development）を含む6項目の機能[10]が求められていた。しかし学校経営において優れた学校が研究活動においても成果を上げているわけではないことが明らかとなったことから（Gu, Q et al. 2015），Teaching Schoolは教員研修及び教員養成の提供，他校への学校経営支援を行う機能に集約され，研究開発の機能は，「Research School」及び「Research Sensitive School」という実践に引き継がれた。この取り組みでは，教員と研究者が協働しながら，研究活動を行い，そこから創出されるエビデンスを教員が意思決定において活用し，教育活動の改善を図っている（IEE 2021）。このような活動を通してイギリスでは，研究に基づくエビデンスを活用しながら教員同士が相互に学び合い，協働し，専門職として自律的に意思決定や判断ができる「専門職の学習共同体」（Professional Learning Community, PLC）（Hargreaves 2007a，織田 2012）としての学校づくりを目指しているのである（Godfrey 2016, Graves and Moore 2018）。

以上のことからイギリスでは，研究を重要な要素として学校教育に位置付け，そこに教員が当事者として参加する仕組みを整備することで，教員の専門的な判断を保障するという本来的な意味でのエビデンスを活用した教育を行う学校経営の推進の可能性を模索していると捉えることができる。またイギリスの取り組みから，この取り組みを推進するためには，WWCのようなエビデンスを創出し，伝達し，活用を支援する仕組みの整備が重要であること，そして，エビデンスを活用する学校づくりを学校管理職が中心となって行っていくことの重要性が示唆されている。一方で，イギリスではエビデンスを活用することに伴う教員の負担の増加が新たな限界を生む要因として指摘されている。そのためデータマネジメントに関する支援策やツールキットを提供し[11]，学校においてエビデンスを活用した教育実践がさらに展開されることを支えている。

今後日本においても，教員の勤務負担軽減を図りながらも，エビデンスを活用した教育実践の充実に取り組むことがより一層求められる。エビデンスの活用が持つ限界を，研究者と教員の協働による研究活動をキーワードにして，教員の専門的判断を保障する制度設計と人材育成を行うことでエビデンスを活用した教育を実装する学校経営の可能性を追究しているイギリスの取り組みは示唆的であると考える。

［注］

⑴ 独立行政法人経済産業研究所では，国内及び諸外国におけるEBPMの動向を調査

研究し，様々な提言等を行っている。https://www.rieti.go.jp/jp/projects/ebpm/index.html（2021年12月5日最終確認）。

(2) 本稿でいうイギリスとは，イングランドを示す。

(3) 自己改善型学校システムとは，単体の学校を経営体と捉えるのではなく，複数の学校で構成される学校群を一つのシステムとして捉え，優れた学校及びスクールリーダーがその学校群全体の学校改善を先導し，責任を担う構造を構築し，各学校及び学校群の学校改善に取り組むととともに，学校間の相互支援機能（school-to-school support）により学校の自己改善能力を高め，各学校が自己改善型の学校となることを目指す仕組みである（Hargreaves 2010）。

(4) WWCは施策ごとに9組織及び四つの関係・提携機関が設置されている。2013年にはWWCの機能を強化するために全国組織としてWhat Works Networkが創設された。WWCは政府と関係を持ちながらも独立した組織である。WWCの創設の経緯，各組織の機能については内山他（2018）を参照。

(5) EIFの基準では，レベル4（Effectiveness），レベル3（Efficacy），レベル2（Preliminary Evidence），Not level 2（NL2），No effect（NE）に分けている。https://guidebook.eif.org.uk/eif-evidence-standards（2021年12月10日最終確認）。具体的な分析方法等については，三菱UFJリサーチ＆コンサルティング（2017）に詳述されている。

(6) 平均的インパクトとは，政策介入のインパクトを追加的月数として評価したものである。政策介入を1年間実施した結果，処置群の平均的な成果指標の値が対照群の平均値に比べて0.5標準偏差分上昇したとすると，追加的に6か月分の教育効果があったと評価する。これは，1年間の教育の成果は指標の1標準偏差分の上昇分とほぼ同じであるという仮定に基づく評価である（田中 2020：65頁）。

(7) https://educationendowmentfoundation.org.uk/education-evidence/teaching-learning-toolkit/teaching-assistant-interventions（2022年2月21日最終確認）。

(8) https://www.gov.uk/government/publications/national-standards-of-excellence-for-headteachers/headteachers-standards-2020（2021年12月10日最終確認）。

(9) DfE (2020), National Professional Qualification (NPQ): Headship Framework.

(10) 六つの機能とは，教員養成，教員研修及び管理職研修，学校間支援，専門的リーダー教育，教育計画と人材育成，研究開発である。

(11) https://www.gov.uk/guidance/school-workload-reduction-toolkit#data-management（2021年10月15日最終確認）。

［引用文献一覧］

・石井英真「教育実践の論理から『エビデンスに基づく教育』を問い直す一教育の標

準化・市場化の中で―」『教育学研究』第82巻第２号，2015年，30-42頁。
・今井康雄「教育にとってエビデンスとは何か―エビデンス批判をこえて―」『教育学研究』第82巻第２号，2015年，２-15頁。
・内山融・小林庸平・田口壮輔・小池孝英『英国におけるエビデンスに基づく政策形成と日本への示唆―エビデンスの「需要」と「供給」に着目した分析―』経済産業研究所，2018年。
・OECD 教育研究革新センター編著，岩崎久美子・菊澤佐江子・藤江陽子・豊浩子訳『教育とエビデンス―研究と政策の協同に向けて―』明石書店，2009年。
・大橋弘編『EBPM の経済学―エビデンスを重視した政策立案―』東京大学出版会，2020年。
・織田泰幸「『学習する組織』としての学校に関する一考察⑵―Andy Hargreaves の『専門職の学習共同体』論に注目して―」『三重大学教育学部研究紀要（教育科学）』第63巻，2012年，379-399頁。
・国立教育政策研究所編，大槻達也・惣明宏・豊浩子・トム・シュラー・籾井圭子・津谷喜一郎・秋山薊二・岩崎久美子『教育研究とエビデンス―国際的動向と日本の現状と課題―』明石書店，2012年。
・末冨芳「教育における公正はいかにして実現可能か？―教育政策のニューノーマルの中の子ども・若者のウェルビーイングと政策改善サイクルの検討―」，『日本教育経営学会紀要』第63号，2021年，52-67頁。
・杉田浩崇「『エビデンスに基づく教育政策・実践』時代における教師の専門性に関する一考察―ビースタの『学習化』に対する批判を中心に―」『愛媛大学教育学部紀要』第61巻，2014年，31-40頁。
・杉田浩崇・熊井将太編『「エビデンスに基づく教育」の閾を探る―教育学における規範と事実をめぐって―』春風社，2019年。
・惣脇宏「エビデンスに基づく教育―歴史・現状・課題―」『教育行財政研究』第46号，2019年，19-24頁。
・武田俊之「教育におけるエビデンス概念の整理」『日本教育工学会研究報告集』第３号，2021年，48-55頁。
・田中隆一「教育政策における EBPM」大橋弘編『EBPM の経済学―エビデンスを重視した政策立案―』東京大学出版会，2020年，61-87頁。
・D. ブリッジ・P. スメイヤー・R. スミス編著，柘植雅義・葉養正明・加治佐哲也編訳『エビデンスに基づく教育政策』勁草書房，2013年。
・松下良平「エビデンスに基づく教育の逆説―教育の失調から教育学の廃棄へ―」『教育学研究』第82巻第２号，2015年，16-29頁
・三菱 UFJ リサーチ＆コンサルティング『諸外国における客観的根拠に基づく教育政

策の推進に関する状況調査報告書』（文部科学省委託　平成28年度生涯学習施策に関する調査研究），2017年３月。
・森俊郎・江澤隆輔『学校の時間対効果を見直す！ーエビデンスで効果が上がる16の教育事例ー』学事出版，2019年。
・Biesta, G. (2007), Why "What works" won't work: Evidence-based Practice and the Democratic Deficit in Educational Research, Educational Theory, 57 (1), pp.1-22.
・Boaz, A., Davies, H., Fraser, A., and Nutley, S. (2019), What Works Now? Evidence-informed policy and practice, Policy Press.
・Breckon J., and Gough, D. (2019), Using evidence in the UK, In Boaz, A., Davies, H., Fraser, A., and Nutley, S., (Eds.), What Works Now? Evidence-informed policy and practice, Policy Press, pp.285-302.
・Brown, C. and Zhang, D. (2017), How can school leaders establish evidence-infromed schools: An analysis of the effectiveness of potential school policy levers, Educational Management Administration & Leadership, 45 (3), pp.382-401.
・Coldwell, M., and Greany, T., Higgins, S., Brown, C., Maxwell, B., Stiell, B., Stoll, L., Willis, B., and Burns, H. (2017), Evidence-informed teaching: an evaluation of progress in England, DfE.
・Davies, P. (1999), What is Evidence-based Education?, British Journal of Educational Studies, 47 (2), pp.108-121.
・Godfrey, D. (2016), Leadership of schools as research-led organisations in the English educational environment: Cultivating a research-engaged school culture, Educational Management Administration & Leadership, 44 (2), pp.301-321.
・Godfrey, D. (2017), What is the proposed role of research evidence in England's 'self-improving' school system?, Oxford Review of Education, Vol.43 (4), pp.433-446.
・Goldacre, B. (2013), Building Evidence into Education.
・Graves, S., and Moore, A. (2018), How do you know what works, works for you? An investigation into the attitudes of senior leaders to using research evidence to inform teaching and learning in schools, School Leadership and Management, (38) 3, pp.259-277.
・Gu, Q., Rea, S., Smethem, L., Dunford, J., Varley, M., and Sammons, P., Parish, N., Armstrong, P., and Powell, L. (2015), Teaching Schools Evaluation Final Report, NCTL.
・Hargreaves, A., and Shirley, D. (2012), The Global Forth Way : The Quest for Educational Excellence, Corwin Press.
・Hargreaves, A. (2007a), Sustainable Professional Learning Communities, In Stoll, I, and Louis, K., (Eds), Professional Learning Communities : Divergence, Depth and Dilemmas, Open University Press, pp.181-195.

・Hargreaves, D. (2007b), Teaching as a Research-based Profession : Possibilities and Prospects (The Teacher Training Agency Lecture 1996), In Hammersley, M. (Eds.) Educational Research and Evidence-based Practice, Sage Publication, pp.3-17.
・Hargreaves, D. (2010), Creating a self-improving school system, NCSL.
・Hammersley-Fletcher, L., Lewin, C., with Davies, C., Duggan, J., Rowley, H., and Spink, E. (2015), Evidence-based teaching: advancing capability and capacity for enquiry in schools, NCTL.
・Hammersley, M. (2004), Some Questions about Evidence-based Practice in Education, In Thomas, G., and Pring R,, (Eds.), Evidence-Based Practice in Education, Open University Press.
・IEE (2021), The Open Door: How to be a Research-Sensitive School.
・NCSL (2006), Leading a Research-engaged School.
・Nelson, J., Mehta, P., Sharples, J., Davey, C. (2017), Measuring Teachers' Research Engagement: Findings from a pilot study, EEF.
・Nelson, J. (2019), Closing the attainment gap through evidence informed teaching : Raising standards and attainment through evidence informed teaching, NFER.
・NFER (2014a) , Using Evidence in the Classroom: What Works and Why?.
・NFER (2014b), Why effective use of evidence in the classroom needs system-wide change.
・Levăcić, R., and Glatter, R. (2001), Really Good Ideas? Developing Evidence-Informed Policy and Practice in Educational Leadership and Management, Educational Management & Administration, Vol.29 (1), pp.5-25.
・Scott, S., and McNeish, D. (2013), School leadership evidence review: using research evidence to support school improvement, DfE.
・Sharples, J. (2013), Evidence for the frontline, Alliance for Useful Evidence.
・Sheard, M. (2015), Developing an evidence-informed support service for schools – reflections on a UK model, Evidence & Policy, (11) 4, pp.577-586.
・Walker, M., Nelson, J., and Bradshaw, S., with Brown, C. (2019), Teachers' engagement with research: what do we know? A research briefing, EEF.
・Walker, M., Nelson, J., Smith, R., and Brown, C. (2020), Understanding the challenges for evidence informed school improvement support in disadvantaged schools: an exploratory study, EEF.
・Wrigley, T. (2016), Not So Simple: the problem with 'evidence-based practice' and the EEF toolkit, FORUM (58) 2, pp.237-250.
・WWN (2018), The What Works Network Five Years On.

Current Issues and New Possibilities of Utilizing Evidence in School Management: In the Case of England

Midori UEDA (National Institute for Educational Policy Research)

This paper aims to gain better understanding in what ways research evidence can be effectively applied to the practice of school management. It does this by first identifying the evidence used and then reviewing in what ways it is used within the framework of the current systems. The paper then examines some of the issues raise when the concept is put to practice, and explores new possibilities that revised method may offer. The paper is based on the case studies of schools in England where evidence-based education has been actively implemented within school management.

In England, EBE (Evidence-Based Education) methods such as RCT have been actively promoted. Recently however, these methods have been criticized for making teachers feel constrained from using their own judgement and practice that are based on their professional experience. By redressing the issues raised, it is hoped that within the new framework, schools will benefit from the positive effects the method offers.

The paper then explores in what ways the above objectives may be achieved. It focuses on three areas: firstly it explores the possibility of establishing an initiative equivalent to What Works Centre in England public sector organizations that generate, translate and adopt high quality evidence in decision-making. Secondly, it considers various professional development methods that will enable those in the practice to evaluate evidence critically. Thirdly, it discusses in what ways schools will be encouraged to apply research evidence when making decisions.

The paper concludes by emphasizing the importance of creating the school culture in which research evidence is shared amongst the teachers, and peer reviews are encouraged as in the concept of Professional Learning Community. For this purpose, some of the initiatives such as Research Engaged School and Research Sensitive School currently used in England.

●—— 特集：エビデンスと学校経営

越境するエビデンス
—エビデンスは教育の文脈をどう変容するか—

独立行政法人教職員支援機構　百合田真樹人

1　はじめに

教育のエビデンスをめぐる認識には「ゆらぎ」がある。一般に，教育のエビデンスとは，目的に照らした手段や方法の有効性を示す客観的な根拠を指し，その議論は科学的なエビデンス（科学的証拠）を参照する。ただし，教育のエビデンスは，自然科学の領域が用いる科学的証拠とは異なる。

科学的証拠は，仮説の検証と反証とを反復して真実に近づくために観察や実験からデータを得る。このため，科学的なエビデンスの合理性はデータ取得の手続きの真正さと仮説検証の目的である真理に従う。対照的に教育のエビデンスは，目的に照らした手段や方法の有効性の根拠であり，その合理性は一義的な真理ではなく目的に従う。目的設定のプロセスには政治性が介在するために，教育のエビデンスには政治性に伴う「ゆらぎ」がある。

こうした政治性にもかかわらず，教育のエビデンスをめぐる議論の多くが，教育の領域でのエビデンスの意味や機能，またエビデンスの種類や精度，そして教育政策と実践及び研究への影響や課題に焦点化する。しかし，教育のエビデンスは目的従属的であり，そこに政治性の「ゆらぎ」が常態として存在するならば，教育の領域内部の論理（内部構造）に閉じた議論には限界がある。

教育のエビデンスは，教育の内部構造で蓄積される研究の知や臨床の知に代わる判断基準として，教育の領域の外側（外部構造）から要求される。外部構造には多様で複雑なアクターが存在し，それぞれがそれぞれの目的に照らしたエビデンスを要求する。また，内部構造で検討と調整が重ねられる目的とは異なり，外部構造で設定される目的には一貫性や普遍性を期待できない。このため，教育の内部構造と外部構造をまたぐ政治性の「ゆらぎ」を調整し，「教育のエビデンスとは何か」を改めて定義する議論は困難であり現実的ではない。

本稿は教育のエビデンスの「ゆらぎ」を所与条件とする。これによって教育のエビデンスに介在する政治性を問題としない。そのうえで，教育のエビデンスの「ゆらぎ」が体現する教育の目的の多元性（及び目的設定のアクターの複数性）が，エビデンスを介して教育の専門性と内部構造に与える影響を明らかにする。このため，本稿は境界理論（Anzaldúa 1987, Giroux 1988, Konrad & Nicol 2008）を基に，エビデンスを要請することで，教育の内部構造に越境して介入する外部構造のアクターとの関係性のメカニズムを顕在化させ，これによって教育の領域に求められる新たな視点と役割の検討に貢献する。

2　エビデンスに基づく教育の議論

「エビデンスに基づく」という概念は，1990年代初めに研究文献に現れたと指摘されている（Smith & Rennie 2014）。医療の臨床判断を医者の直感や経験ではなく，研究の累積から得る科学的証拠の裏付けに求める「エビデンスに基づく医療：Evidence-based Medicine (EBM)」を概念化した論文（Guyatt, et al. 1992）は後に，「政治的マニフェスト」とも評されている（Zimerman 2013）。

「エビデンスに基づく教育：Evidence-based Education（EBE）」は医療の臨床判断のパラダイム転換を教育に適用する。教育政策と実践の判断に客観的根拠を求めることで，教育の劇的な改善を期待するEBEの議論は，目的に照らして有効な教育施策や方法に科学的証拠に足るエビデンス供給の責任と機能の強化を教育研究に求める（Hargreaves 1996, Slavin 2002）。さらに医療が治癒を成果指標にするように，教育政策と実践の効果を出力（パフォーマンス）で測定して「何が有効に働くか (what works)」を因果関係で記述するとともに，公共部門の効率化と公共政策の実効性を要求するNew Public Management（NPM）の文脈と結合して，介入と効果の因果関係を統計的に検証した結果を強固なエビデンスとして重視する。このためにEBEは教育プロセスに介在する影響因子をランダム化比較試験（RCT）などで排除・無力化し，任意の入力と出力の因果関係を正確に記述するエビデンスを政策と実践の裏付けに求める。

教育の領域でも科学的に厳密な実験的手法で記述する因果メカニズムを目的にした研究は新しくない。ただし，そうした手法を用いる教育研究は少なく，複数の統計モデルで異なる前提条件での再現性を検証する研究（e.g. Ehri, et al., 2001, Cook 2002, Baye & Bluge 2016）はさらに限られる。

教育研究は一方で，「何が有効に働くか」と言う因果メカニズムを明らかにする問いのほかにも，「教師はどう成長するか」や「子どもはどう学ぶか」という記述的な問いを重視する。記述的な問いは，教育に介在する非因果的メカニズムを解明する問いである。しかしNPMの文脈では，教育の出力で政策と実践の有効性を測定した「わかりやすさ」と効率性を重視する。このために，教育のエビデンスを求める問いは，本来RCTに適さない記述的な問いをも「何が教師の成長に有効か」や「何が子どもの学びに有効か」と言う因果メカニズムの問いに置換する。こうして教育研究の文脈でも，再現性の高いエビデンスを供給する研究モデルが優先される傾向にある。

例えば，米国教育省は2002年に，強固な実証研究のエビデンスが裏付ける学校教育実践を支えるために，無作為割当試験を用いて被験者の特性を制御する研究に公的な研究助成を優先配分すると公示している（USDOE 2002）。この事例が示唆するように，教育のエビデンスへの再現性の要求は，教育の改善とその実効性に科学的で客観的な裏付けを求めるEBEの議論を強化する。

3　因果モデルと再現性のエビデンス批判

教育のエビデンスに因果モデルと再現性を求める動向には批判がある（Biesta 2007, Labaree 2014，今井 2015）。特に①教育政策と実践の効果を入力と出力の因果モデルに単純化すること，そして②出力ベースで教育システムの機能と効果を判定する決定論的な在り方を涵養することへの批判が顕著である。さらに，教育のエビデンスへの再現性の要求が，③実践をエビデンスに従属させるという懸念も示されている。

因果モデルは，教育実践の環境条件や実践対象の特性，実践者の経験などを「変数」として制御する。教育の専門性として価値付けられてきた臨床の知や経験則の非因果的メカニズムを制御して「何が有効に働くか」の再現性を重視するエビデンスは，教育の実践者を再現性が認められた技術（施策や方法）に従って実践を操作的に行う技術者に変容させる可能性を含み持つ。強固な再現性を教育のエビデンスに求めることは，臨床の知や経験則などの専門性を伴う要素を，ノウハウといった操作的技術知に置換して教育を標準化するという懸念が示されている（Biesta 2007, Vandenbroeck, et al 2012）。

EBEが一義的な出力との因果モデルのエビデンスを外部規範的に機能させ

ることで統制的に働き，教育を標準化するという批判と懸念は，「エビデンスに基づく」に代わる「エビデンスを参照する教育：Evidence Informed Education (EIE)」の議論を導出している。EIE は，多様で複雑な教育実践の諸課題に，何をエビデンスとしてどう活用（及び非活用）するかを判断する実践者の自律性と権限を強調し，これを教育の専門性に位置付ける。

先述したように教育研究は，因果モデル以外の方法からも政策と実践の判断に貢献する（Hammersley 2001）。また他の社会科学分野と同様に，複雑で多様な価値が交錯する教育の領域に近代科学的な合理性を要求することの限界が指摘されている（Petticrew 2015）。EIE は EBE の決定論的な因果モデルに対して，「何が教育的に価値がある（正しい）のか」をめぐる議論が蓄積する専門性の非因果的メカニズムを参照して判断する実践主体の自律性を重視することで，多元的な目的を反映する教育のエビデンスの「ゆらぎ」を調整し，教育の領域へのエビデンスの支配を緩衝する。

4　証拠能力を問わないエビデンス議論

決定論的なエビデンスが示す効率性を重視する EBE を批判する EIE は，実践の教育的価値や意義の検討と判断に用いる参照の対象としてエビデンスを再配置する。ただし，双方の議論は教育政策と実践の判断にエビデンスを求めることで共通する。つまり，これまでの議論は，教育のエビデンスが判断の根拠として証拠能力を持つことが前提にある。

しかし，教育の目的の多元性には政治性が介在する。これについて今井 (2015) では以下のように議論されている。すなわち，教育実践ではその場のニーズや課題に応答して自律的で能動的に実践の判断をする応答責任が求められており，こうした応答のプロセスを経て蓄積される経験則や臨床の知は，フッサールの現象学にある「生活世界」のエビデンスを構成する。対照的に，政策や実践の改革のインパクトを提示する説明責任は，科学的に厳密な「近代科学」のエビデンスの裏付けを求める。双方のエビデンスはそれぞれ異なる文脈で用いられるが，自然科学のエビデンスとは異なり，文脈間の互換性はない。

近代科学のエビデンスに基づく応答責任は決定論的な判断を牽引する。このために，判断主体である実践者は操作的技術者として客体化されることで，教育の標準化が進むと懸念される。他方で生活世界のエビデンスに基づく説明責任は，複雑な環境条件や多様なニーズに照らした非因果的メカニズムを反映するため，そこから導かれる説明は細分化して無限に分散する。教育のエビデンスのこうした特性は，教育の領域に求められるエビデンスが，エビデンス自体の証拠能力ではなく，それがエビデンスとして用いられることで威力を持つことを示唆する。

教育のエビデンスは文脈依存的であり，普遍的な証拠能力を伴わない。このことは，教育の領域が要求されるエビデンスから本質的に自由であることを示唆する。これを指して今井（2015）は，「エビデンスと教育の間には必然的に空隙が生じる」（11頁）と指摘する。そのうえで，教育実践には（エビデンスの裏付けが不可能であるために不要でもある）自由空間が存在しており，教育とその実践主体の判断の自由は「教育の構造的条件」（11-12頁）であると結論して，教育の領域内部の論理構造にエビデンスが介入できない自由空間があると主張する。

5　越境のツールとしてのエビデンス：境界理論

教育のエビデンスは，文脈依存的で普遍的な証拠能力を伴わない。このために生じる自由空間を根拠に，実践の判断の自由を構造的条件とする主張は，教育の領域内部の論理構造（内部構造）に閉じた文脈の議論ならば合理的と言える。しかし教育へのエビデンスの要求とは，教育政策及び教育実践が有効であることの可視化を教育の内部構造の外側（外部構造）から求めていることにほかならない。このため，教育のエビデンスは教育の内部構造に閉じた文脈ではなく，教育にエビデンスを求める外部構造との関係性の文脈で検討されなくてはならない。

教育にそれぞれの目的や文脈に沿ってエビデンスを求める外部構造との関係性を踏まえると，教育のエビデンスはその科学的な証拠能力の有無とは別の次元で，教育政策や実践と研究に実態的な影響力を有している。応答責任と説明責任の文脈がそれぞれに生活世界のエビデンスと近代科学のエビデンスを想定し，そこに生まれる「空隙」が教育の実践の判断の自由を支えるとしても，この自由は教育の内部構造で承認される自由であり，教育にエビデンスを求める外部構造が承認する自由ではない。ここにエビデンスの意味と機能をめぐる内部構造と外部構造とを区分する明確な「境界」が認められる。

境界を挟んだ認識差とそのインパクトを理解するために，本稿は境界理論を用いる。境界理論は，境界がどのように国や社会の制度を分断しているかを検証する理論であり，物理的かつ顕在的な境界（国境や教室の壁など）と，概念的で隠喩的な境界（社会的，文化的，政治的な構成要素や専門性とそれ以外とを区別する要素など）との双方に適用される。境界を挟む領域は紛争と交流の場であり，「越境」には価値や秩序をめぐる緊張と対立などの折衝や感情的な反応を伴うとされる（Anzaldúa 1987, Giroux 1988, Clark 2000）。

さらに，境界の近傍では異質な他者との交錯とその調整を介して，新たな価値と秩序が生成されるハイブリッド性が指摘される（Anzaldúa 1987, Gutiérrez, et al. 1999, Nail 2016）。このハイブリッド性は，社会や集団は予め確立した存在ではなく，それらの秩序を外部から分離する境界が継続的かつ構成的に働くことで生成・維持される存在とする。言い換えれば，社会や集団は境界を形成する「秩序」の産物であり，任意の社会や集団が「秩序」を定めるのではないとされる（Nail 2016）。このため，「越境」は異なる秩序による境界の再設定を介して，既存の社会や集団の変容と新たな価値の生成を伴うコミュニケーション行為と意味付けられる。

教育の領域は，「何が教育的に価値がある（正しい）か」をめぐる議論と検討から導かれる専門性の規範を秩序とする内部構造と，その秩序の外側にある外部構造との境界を持つ。境界理論のハイブリッド性を念頭に置くと、教育の内部構造と外部構造の境界は、制度や政策が形成する境界ではなく、教育の専門性の規範に価値を置く秩序が専門性の領域とそれ以外とを分断する境界と捉えられる。そして境界のハイブリッド性は，教育の内部構造の秩序が常に境界を挟んだ折衝や調整にさらされており，常に変容の可能性に開かれていることを示す。

教育にエビデンスを求めるこれまでの議論も，境界理論に照らして再構築できる。エビデンスは，教育の外部構造から専門性の規範を秩序とする内部構造に越境して要求される「専門性の外側の規範」であり，境界ではエビデンスを媒介にした越境が試みられる。つまり，境界は折衝の場である。そして境界を構成するのは、専門性の規範に価値を置く秩序であり，そこにエビデンスを介して越境しようとする外部構造からの介入とそれに抗う内部構造からの反駁がある。

教育の構造間の境界を挟んだ介入と反駁はエビデンスを介して行われるが，そのエビデンスは衝突の本質ではない。エビデンスは，外部構造から専門性の規範と価値の秩序を乗り越えて内部構造に介入するための「越境ツール」であり，衝突の本質は内部構造の秩序や価値をめぐる攻防にある。

これまでの教育のエビデンスの議論は教育政策と実践のエビデンスの意味と活用，そしてそれらの課題や限界に焦点化してきた。しかし境界理論に照らして教育とエビデンスの関係性をみると，エビデンスは問題の本質ではなく，教育の内部構造にある専門性の規範や価値の秩序に外部構造から示されたアンチテーゼの表象にすぎない。このため，教育の内部領域で検討を重ねて合意される目的とは無関係に，外部構造のアクターが，それぞれの目的に照らして内部構造の秩序に越境を可能とするレトリックを有しているのが，「越境ツール」としての教育のエビデンスであり，その一義性や証拠能力は問題の本質ではないと確認できる。

6　ＰＩＳＡと越境するエビデンスの事例

教育の内部構造に外部構造がエビデンスを介して越境する事例に，経済協力開発機構（OECD）が2000年から実施する生徒の学習到達度調査（PISA）を取り上げる。OECD は国際的に EBPM を推進する旗振り役を担ってきており，PISA はそのツールとして特に顕著な存在感を示している。

その一方で PISA には，実施当初から多くの批判がある（e.g., Sellar & Lingard 2013, Gray & Morris 2018）。教育学者らが連名で懸念を表明した2014年の公開質問状（Meyer & Zahedi 2014）は PISA の課題や限界を網羅的に示している。この質問状に回答して，現在 OECD 教育スキル局長にあるシュライヒャーは，懸念のそれぞれが誤謬か不正確な情報に依拠していると反論したが，示された懸念のそれぞれには実質的な回答を示していない（OECD 2014）。

根強い批判にもかかわらず，32ヵ国で始まった2000年の第１回調査から，第８回調査（2022年）の参加国・地域は85ヵ国・地域に拡大しており，調査結果の公表のたびに，各国・地域で「ショック」とともに抜本的な教育政策や制度改革を誘引してきた（e.g., Gruber 2006, Ertl 2006, Haugsbakk 2013, Pons 2017, Tasaki 2017）。また，PISA の測定対象も拡大を続けている。当初の読解リテラシー，数学的リテラシー，科学的リテラシーを基盤に，世界金融危機を受けて開発された金融リテラシー（OECD 2005）を始め，協同問題解決能力（Csapó & Funke 2017），グローバルコンピテンシー（OECD 2018），創造性と批判的思考力（Vincent-Lancrin et al. 2019）のほか，至近の調査では社会情動的スキル（OECD 2021）が測定対象に導入されている。

一方で，国際教育到達度評価学会（IEA）が1964年から実施している国際数学教育調査（後のTIMSS）などの国際比較調査はPISAに先行する。これら既存の国際比較調査は，各国・地域の教育システムに固有のカリキュラムや制度の違いを踏まえて，そこから比較可能な共通項を探索し，これに限定して各教育システムを比較することで，教育を国内の政治課題と捉えてきた。これに対してPISAは，既存の国際比較調査が重視する各国・地域の教育システムの秩序の外側に「どのスキルが将来の人生に必須か」（OECD 1999）という新たな目的に照らしたリテラシーをエビデンスに設定することで，それまでの教育を国内政治とする内部構造の境界を越境し，教育の領域をグローバル化する外部構造からの介入を合理化している。

わが国をはじめ，各国・地域で観察されたPISAショックは，それぞれの国や地域で，経済界，メディア，児童生徒の保護者などからの教育への不信として現れたと指摘されている（Grek 2009, Ninomiya 2016）。PISAが示す「わかりやすい」エビデンスは，これらの外部構造にあるアクターが教育システムの「欠陥」を指摘し，教育の政策と実践をめぐる内部構造の判断に越境して介入する根拠として，また契機としても機能してきたと言える。

さらに，PISAが「将来の人生に必須」とするリテラシーのエビデンスは必ずしも実証的証拠に基づかないと批判されてきた（Zhao 2020）。急速に変化する予測困難な社会で「将来の人生に必須」と想定されるスキルの実証的証拠を得るのはそもそも難しい。調査の実施回数を重ねるたびに新たなスキルが対象に加わることも，調査対象に含むスキルが将来の教育政策の方向性を判断するうえで不十分であることを示す。教育学者が連名で批判したように，知識や技能の習得状況を測定する従来の国際学力調査に代わって，グローバル経済でより優れた教育システムの測定と比較を可能にするエビデンスであるためには，PISAのリテラシーは証拠能力に欠ける。

しかし，PISAのエビデンスの威力は，教育の内部構造が長い時間と労力を費やして議論と検討を重ねてきた複雑な問題を回避することにある。具体的な例を挙げると，①学校教育の目的，②何を学力とするか，③それをどう測定するか，そして④教育システムの有効性をどの時点で測定するかと言う問題は，教育システムとその有効性を検討するうえで無視できない。しかしPISAは各国・地域の教育システムの目的の多元性や実践条件の多様性の制約の外側にリテラシーを設定することで，従来の教育の内部領域が抱える複雑な問題を迂回する。つまり，PISAのリテラシーは教育の内部構造が重視する文脈が持つ問題を迂回する機能を持ったエビデンスであり，その証拠能力の有無は，内部構造の秩序を迂回・越境する目的に照らせば，本質的な問題ではない。

実際に，エビデンスをめぐる一貫した定義や認識がOECDの内部でも共有されていないとされる。教育スキル局の教育研究創発センターの2007年の報告書は，OECDの政策提案等はエビデンスに基づくとする一方で，何を証拠とみなし，どこに線引きするかの認識に一致がないと明示している（Burns & Schuller 2007：22-23頁）。この報告書が示す認識の曖昧さに伴うエビデンスの「ゆらぎ」は現在でも課題として残る。報告書から14年を経た2021年4月に立ち上がった「Strengthening the Impact of Education Research」プロジェクトは，エビデンスの問題を教育研究の質と活用の文脈で取り上げている（Burns & Révai 2021）。

エビデンスに基づく政策判断を推奨するアクターにエビデンスをめぐる共通認識がないという指摘は，エビデンスが実態としての証拠能力を必要とするのか，また何を証拠とするのかが教育とそのエビデンスをめぐる問題の本質ではないことを改めて示す。

7　エビデンスを介した越境の威力

従来の教育のエビデンスの議論は，エビデンスの意味や在り方，そしてエビデンスの証拠能力（とその不在）の課題に焦点化する一方で，教育にエビデンスを要求する外部構造とその関係性には焦点化してこなかった。教育のエビデンスの議論は教育の内部構造に閉じる傾向を示し，教育の領域にエビデンスを要求することで教育政策と実践に越境して影響する外部構造との関係性の検討は十分ではない。エビデンスの議論から教育実践の自由空間の存在を示唆した今井（2015）の議論も教育の内部構造に閉じており，教育にエビデンスを要求することで自由空間への越境と介入を試みる外部構造との関係を捉えていない。これに対して本稿では，境界理論を適用することで教育の内部構造と外部構造との関係性を紐解き，従来の教育のエビデンスの議論とは異なる観点から，教育のエビデンスとその機能を再構築する必要を示した。

「何が教育的に価値がある（正しい）か」の議論と実践の蓄積は，教育の専門性の規範と価値の秩序を生成する。この秩序は専門性の規範と価値を共有する内部構造とその外側の外部構造とを分断する境界をなす。教育にエビデンスを求める動向は，教育政策と実践に確実な効果を求める外部構造から，それまでの内部構造の秩序に基づく政策と実践の判断と結果に向けられたアンチテーゼと言える。このため，教育の外部構造から要求されるエビデンスは，内部構造で培われる専門性の規範や価値の秩序に従う必要性を伴わない。要約すると，教育のエビデンスは，①教育の内部構造の秩序の外側で定義されるために，②教育の内部構造で承認される証拠能力を伴うことは必然ではない。そして，外部構造のアクターがそれぞれの目的で，③教育の内部構造の秩序を越境して介入するツールとして機能する。

強力な国際的影響力を持つPISAも，教育の内部構造の秩序の外側で定義したエビデンスを用いて，教育の領域に越境し，その変容を図るレトリックである側面を先に例示した。PISAは，各国・地域の教育システムのカリキュラムや制度の違いの外側に設定する「将来の人生に必須なスキル」のエビデンスを介して，国内の政治課題である教育システムの有効性を一覧比較することで，グローバル経済の目的に照らした教育システムのグローバル化を牽引する。

教育の外部構造で設定される他のエビデンスと同様に，PISAのリテラシーやその他のスキルと「将来の人生に必須なスキル」との因果関係は科学的な実証を伴わない。このためにPISAはその証拠能力ではなく，各国・地域の教育システムのパフォーマンスを一覧比較することで，教育の内部構造と外部構造の境界の両側でPISAのエビデンスを用いた議論を招き，その影響力を獲得する。そして境界では，教育の内部構造に対してエビデンスに応答する必要（応答責任）と結果について説明する必要（説明責任）を要請する外部構造によって，各教育システムの内部構造の課題をPISAベースの応答責任と説明責任に置換する。この結果，教育の内部構造にある専門性の規範や価値の秩序への介入が完成する。

教育の内部構造に閉じた議論は，エビデンスが媒介して教育の領域に介入する外部構造が持ち込む政治性に起因する「ゆらぎ」の実像を示すには限界がある。教育の領域にはエビデンスが存在しない自由空間があり，実践者の判断の自由は「教育の構造的条件」であるという今井（2015）の主張も，その自由に越境して介入する外部構造に抵抗する十分な根拠とは言えない。そこで主張されている自由は，教育の内部構造の秩序が定義する自由であり，内部構造に越境して，その秩序に変容を加える外部構造からの介入の前には無力と言える。

境界理論は，教育のエビデンスが内部構造の境界を設定してこれを維持する専門性の規範と価値の秩序に対して，（専門性の規範と価値の外側にある）外部構造のアクターがそれぞれの価値の秩序に照らした目的を持って教育の領域に介入するための越境のツールとして機能する側面を明らかにする。言い換えれば，境界理論は，エビデンスを介して教育の領域に介入するアクターが，教育の内部構造を規定する秩序の外側にあることを顕在化する。これはつまり，エビデンスの意味や活用，またその限界や課題をはじめ，エビデンスの証拠能力をめぐる教育の内部構造に閉じたこれまでの議論にある明らかな限界を示唆する。専門性の規範と価値の秩序が定める教育の内部構造と，さまざまなアクターがそれぞれの目的に照らした有効性を追求する外部構造との境界と，その関係性に焦点をあてることで，教育政策と実践及び研究の議論に実態としての威力を有しているエビデンスを脱構築の舞台に引き出す必要がある。

8　まとめに代えて―エビデンスが駆動する対話へ

教育実践の現場では実践の経験と省察を重ねることで臨床の知を構築してこれを蓄積する。臨床の知が支える実践的な専門性の規範を伴う秩序は教育の実践現場の境界を定め，そこに「実践の内部構造」を確立する。そしてこの実践の内部構造にも，その外側のさまざまなアクターがそれぞれの目的に沿ったエビデンスを媒介にして越境し，実践の秩序に介入する。

しかし，教育機関の目的や方向性にまでインパクトを与えるマクロなエビデンスから各教室での授業実践に係るミクロなエビデンスに至るまで，実践の内部構造に越境して秩序に変容を迫るエビデンスのタイプは多岐にわたる。そして境界理論が示唆するように，エビデンスは教育の内部構造を定義する秩序の外側から越境して介入するため，それぞれのエビデンスが持つ政治性の文脈に沿って実践を説明し，実践の秩序の合理性や優位性を証明する受動的なエビデンスとの向き合い方には，明らかな限界がある。

教育の外部構造のアクターが用いて内部構造に越境するエビデンスとの能動的な向き合い方を検討するためには，そもそも教育はそれ自体が越境を伴う介入行為であることを改めて意識化することが極めて重要だろう。教育は一方的に越境される対象ではない。教育実践は本質的に，実践の対象が従う秩序に越境して，その目的に照らしてより良い状態に変容する介入を伴う営みである。

教育及び教育の営みを対象にする教育経営学が用いる言説は，その時々の社会や制度とその変化に多分に影響される。教育にエビデンスを求め，教育政策と実践の効果をパフォーマンスで評価する近年の傾向も，現代の急速に変化する社会の状況を反映する。これはつまり，教育の外部構造が投下するエビデンスに反映される価値や秩序は，教育と教育経営学の自律性に対する制約として機能している可能性を示唆する。

エビデンスを介して教育の外部構造から持ち込まれる多様で多元的な価値の秩序は，既に教育の自律性を侵食している。その一方で，わが国の学校教育現場や高等教育機関及び各教育委員会には，複雑なエビデンスを分析して評価・解釈する技術と経験が不足している現状は否めない。さらに，教育への公的予算の削減や教職員等の長時間勤務に伴う時間的制約は，社会と制度の状況とその変化を捉えて「自律的」に応答責任を担うために必要な訓練や研鑽のシステムの構築を極めて難しくしている。

こうした現状は「エビデンスに基づく教育」の掛け声を伴う外部構造からの越境を容易にしている。学校や教師は既に「何が有効か」を示すエビデンスを自律的に検証して実践する主体ではなく，示されたエビデンスに従って操作的な実践を担う客体として道具化され，教師の専門性は操作的なノウハウに置換される危機に直面している。そして，教育実践主体の自律性の弱体化は，外部構造からの越境をさらに容易にする負のスパイラルを誘引している。

教育の内部構造と外部構造との境界を成す秩序は変容しつつあり，教育に持ち込まれるエビデンスは，境界を新たな秩序をめぐる折衝の場にしている。この現状を積極的に認識し，教育の内部構造とその外側にある多様なアクターの多元的な価値との新たな関係性を再構築することが，教育及び教育経営学に求められる。そして，そこで求められる関係性は，従来のEBEとEIEが担うエビデンスとの関係性を超えたアプローチを必要とする。

EBEやEIEは，教育政策や実践のエビデンスを明示・顕在化することで，外部構造のエビデンスやエビデンス要求に対抗，または応答する。そこでは，教育の内部構造と外部構造との境界とその永続性が前提にある。しかし，既に境界を定める秩序をめぐる折衝と侵食が進む現在，境界を自明や所与とする認識は限界にある。境界理論は，教育のエビデンスが持つ政治性のゆらぎは，教育の内部構造に越境して持ち込まれる多様で多元的な価値の秩序を反映したものであることを示す。これらの多様で多元的な価値の秩序の前で，教育が重視する自律性や専門性の秩序の境界の絶対性は相対化される。このために，教育の領域に外部から示されるエビデンスは，教育の内部構造が定義する秩序へのアンチテーゼとして働く。したがって，それぞれのエビデンスへの受動的な応答に代わって，それぞれのエビデンスの背景にある多様で多元的な価値の秩序を，教育の内部構造が定義する秩序の批判的検討と再構築に向けて能動的に活用することで，社会と制度の多様なアクターを教育のステークホルダーとして包摂する対話を駆動するツールとなり得る。

本稿が示す境界理論は，エビデンスに受動的に応答する従来のアプローチとは異なり，教育の内部領域に越境するエビデンスを活用し，教育の目的と機能をめぐる秩序を批判的に検討することによって，教育をめぐる内部構造と外部構造との境界を再定義する新たな秩序を構築する「エビデンスが駆動する教育対話（Evidence Driven Dialogue for Education：EDDE）」を可能にする。本稿では，EDDE を具体化した先に，急速に変化し続ける現況下の社会で，多様なアクターの多元的な秩序に能動的に応答する教育の目的と機能を再構築する可能性があることを示唆して，全体のまとめとする。

［引用文献一覧］

・Anzaldúa, G., *Borderlands/La Frontera: The New Mestiza,* Aunt Lute Books, 1987.
・Baye, A., Bluge, V., “L’Éducation Fondée sur des Preuves”, *Rapport du Groupe d’Expertise Mandaté dans le cadre du Pacte pour un Enseignement d’Excellence,* 2016.
・Biesta, J.G., “Why ‘What Works’ Won’t Work: Evidence-Based Practice and the Democratic Deficit in Educational Research”, *Educational Theory,* 2007, Vol.57, No.1, pp.1-22.
・Biesta, J.G., “Why ‘What Works’ Still Won’t Work: From Evidence-Based Education to Value-Based Education”, *Studies of Philosophy and Education,* 2010, No.29, pp.491-503.
・Burns, T., Révai, N., *Strengthening the Impact of Education Research Project: Background Document,* OECD, 2021.
・Burns, T., Schuller, T., *Evidence in Education: Linking Research and Policy,* OECD, 2007.
・Clark, C.S., “Work/Family Border Theory: A New Theory of Work/Family Balance”, *Human Relations,* 2000, Vol.53, No.6, pp.747-770.
・Cook, D.T., “Randomized Experiments in Educational Policy Research: A Critical Examination of the Reasons the Educational Evaluation Community Has Offered for Not Doing Them”, *Educational Evaluation and Policy Analysis,* 2002, Vol.24, No.3, pp.175-199.
・Csapó, B., Funke, J., *The Nature of Problem Solving: Using Research to Inspire 21st Century Learning,* OECD, 2017.
・Ehri, C.L., Nunes, R.S., Willows, M.D., Schuster, V.B., Yaghoub-Zadeh, Z., Shanahan, T., “Phonemic Awareness Instruction Helps Children Learn to Read: Evidence from the Na-

tional Reading Panel's Meta-Analysis", *Reading Research Quarterly,* 2001, Vol.36, No.3, pp.250-287.

・Ertl, H., "Educational Standards and the Changing Discourse on Education: The Reception and Consequences of the PISA Study in Germany", *Oxford Review of Education,* 2006, Vol.32, No.5, pp.619-634.

・Giroux, A.H., "Border Pedagogy in the Age of Postmodernism", *Journal of Education,* 1988, Vol.170, No.3, pp.162-181.

・Grek, S., "Governing by Numbers: The PISA 'Effect' in Europe", *Journal of Education Policy,* 2009, Vol.24, No.1, pp.23-37.

・Grey, S., Morris, P., "PISA: Multiple 'Truths' and Mediatised Global Governance", *Comparative Education,* 2018, Vol.54, No.2, pp.109-131.

・Gruber, H.K., "The German 'PISA-Shock': Some Aspects of the Extraordinary Impact of the OECD's PISA Study on the German Education System", Ed.: Ertl, H., *Cross-National Attraction in Education: Accounts from England and Germany,* Symposium Books, 2006, pp.195-208.

・Gutiérrez, D.K., Baquedano-López, P., Tejeda, C., "Rethinking Diversity: Hybridity and Hybrid Language Practices in the Third Space", *Mind, Culture, and Activity,* 1999, Vol.6, No.4, pp.286-303.

・Guyatt, G., Cairns, J., Churchill, D., Cook, D., Haynes, B., Hirsh, J., Kerigan, A., "Evidence-Based Medicine: A New Approach to Teaching the Practice of Medicine", *Journal of the American Medical Association,* 1992, Vol.268, No.17, pp.2420-2425.

・Hammersley, M., "Some Questions about Evidence-Based Practice in Education", Eds.: Pring, R., Thomas, G., *Evidence-Based Practice in Education,* OUP, 2001, pp.133-149.

・Hargreaves, H.D., "Teaching as a Research-Based Profession: Possibilities and Prospects", *The Teacher Training Agency Annual Lecture,* 1996, pp.1-12.

・Haugsbakk, G., "From Sputnik to PISA Shock—New Technology and Educational Reform in Norway and Sweden", *Education Inquiry,* 2013, Vol.4, No.4, pp.607-628.

・Konrad, V., Nicol, H., *Beyond Walls: Re-Inventing the Canada-United States Borderlands,* Routledge, 2008.

・Labaree, F.D., "Let's Measure What No One Teaches: PISA, NCLB, and the Shrinking Aims of Education", *Teachers College Record,* 2014, Vol.116, No.9, pp.1-14.

・Meyer, H.D, Zahedi, K., "Open Letter to Andreas Schleicher, OECD, Paris", *Policy Futures in Education,* 2014, Vol.12, No.7, pp.872-877.

・Nail, T., *Theory of the Border,* Oxford University Press, 2016.

・Ninomiya, S., "The Impact of PISA and the Interrelation and Development of Assessment

Policy and Assessment Theory in Japan", *Assessment in Education: Principles, Policy & Practice,* 2016, pp.1-20.
- OECD, *Measuring Student Knowledge and Skills: A New Framework for Assessment,* OECD, 1999.
- OECD, *Improving Financial Literacy: Analysis of Issues and Policies,* OECD, 2005.
- OECD, "Response of OECD to Points Raised in Heinz-Dieter Meyer and Katie Zahedi, 'Open Letter'", *Policy Futures in Education,* 2014, Vol.12, No.7, pp.878-879.
- OECD, *Preparing Our Youth for an Inclusive and Sustainable World: The OECD PISA Global Competence Framework,* OECD, 2018.
- OECD, *OECD Survey on Social and Emotional Skills: Technical Report,* OECD, 2021.
- Petticrew, M., "Time to Rethink the Systematic Review Catechism? Moving from 'What Works' to 'What Happens'", *Systematic Reviews,* 2015, Vol.36, No.1, pp.1-6.
- Pons, X., "Fifteen Years of Research on PISA Effects on Education Governance: A Critical Review", *European Journal of Education,* 2017, Vol.52. No.2, pp.131-144.
- Sellar, S., Lingard, B., "The OECD and Global Governance in Education", *Journal of Education Policy,* 2013, Vol.28, No.5, pp.710-725.
- Slavin, E.R., "Evidence-Based Education Policies: Transforming Education Practice and Research", *Education Researcher,* 2002, Vol.31, No.7, pp.15-21.
- Smith, R., Rennie, D., "Evidence Based Medicine: An Oral History", *British Medical Journal,* 2014, No.348, pp.1-3.
- Tasaki, N., "The Impact of OECD-PISA Results on Japanese Educational Policy", *European Journal of Education,* 2017, Vol.52, No.2, pp.145-153.
- USDOE, *Strategic Plan 2002-2007,* U.S. Department of Education, 2002.
- Vandenbroeck, M., Roets, G., Roose, R., "Why the Evidence-Based Paradigum in Early Childhood Education and Care Is Anything but Evident", *European Early Childhood Education Research Journal,* 2012, Vol.20, No.4, pp.537-552.
- Vincent-Lancrin, S., González-Sancho, C., Bouckaert, M., de Luca, F., Fernández-Barrerra, M., Jacotin, G., Vidal, Q., *Creativity and Critical Thinking in Everyday Teaching and Learning,* OECD, 2019.
- Zhao, Y., "Two Decades of Havoc: A Synthesis of Criticism against PISA", *Journal of Educational Change,* 2020, No.21, pp.245-266.
- Zimerman, L.A., "Evidence-Based Medicine: A Short History of Modern Medical Movement", *American Medical Association Journal of Ethics,* 2013, Vol.15, No.1, pp.71-76.
- 今井康雄「教育にとってエビデンスとは何か―エビデンス批判をこえて」『教育学研究』第82巻第2号，2015年，2-15頁。

Transgression into Professionalism: Reframing Evidence in Education

Makito YURITA
(National Institute for School Teachers and Staff Development)

Past two decades have seen pressing demands on education research to build evidence in education and to strengthen the knowledgebase to inform policy and practice in education. This paper aims to put in perspective an alternative picture regarding the roles of evidence in education.

Reframing the existing discussions on evidence in education through application of border theory, this paper proposes a constructive use of "evidence" as a medium to understand different values and goals embedded in each evidence and negotiate them, both within and outside the professional community of education. This paper's argument is twofold: First, it gives a review of international literature to identify theoretical constraints in the use of evidence and its limits of effectiveness and efficiency in decision-making in policy and practice. Then, border theory is applied to redefine evidence as a medium to make interventions defeating boundaries set by values, goals, and other interests around education and its professionalism. This paper concludes with a proposition for evidence-driven dialogue on education (EDDE) as a means to strengthen the role of professionalism and the professional community. This dialogue aims to make use of each evidence proposed / requested to shape a negotiated space where professional community and diverse stakeholders co-construct a common set of values and shared goals on education.

研　究　論　文

教師の意識変容はいかになされるか
　—総合的な探究の時間の実践に着目して—

中村　怜詞
熊丸真太郎

《研究論文》

教師の意識変容はいかになされるか
―総合的な探究の時間の実践に着目して―

島根大学大学院教育学研究科　中村怜詞
大分大学大学院教育学研究科　熊丸真太郎

1　はじめに

本稿の目的は外生的変革（佐古 1992）を迫られた高校において，教師がいかに意識変容し，適応していくかのプロセスを明らかにすることである。学校の変革について，教育経営学では，組織開発の知見を基に意図的な介入による学校改善の研究が進められてきた。代表的なものとして佐古らの一連の研究の蓄積がある（佐古・中川 2005，佐古・竹崎 2011）。

しかしながら，佐古らの提唱する良循環サイクルは，自分たちで課題を設定して取り組むことで内発的改善力を構築する学校組織開発の手法である。佐古らの研究は，個業的から協働的になるという意識変容に焦点を当てており，それ以前のネガティブな意識から個業的であれ協働的であれ取り組もうとする意識への変容は佐古らの研究上の射程の外にある。

外生的変革は，それへの組織的対応（学校が示す認識や行動）を取り上げた先行研究が多くある[(1)]。例えば西山ら（2009）は，教育相談活動の定着の促進要因として協働的な組織風土の効果を明らかにした。しかし，組織的対応の先行研究は，量的研究で組織レベルの変化を捉えたものが中心で，個人レベルで外生的変革に直面した際の意識変容プロセスは明らかにしていない。さらに，先行研究の多くは義務教育段階の学校を対象としており，一般学部出身の教師が多い高等学校での外生的変革を迫られた教師の意識変容に着目した研究は少ない。

個人の意識変容に焦点を当てた研究としては，授業研究の領域で研究が蓄積されている（例えば，田中 2011）。これらの研究では教師の意識変容を阻害する要因や意識変容を促す要因が明らかにされてきており，教師間の対話などの重要性が指摘されている。しかし，これら一連の研究では教師の意識変容を促す要因の抽出はされているものの，要因間の繋がりは明らかにされてこなかった。また，対話が大切だという指摘はされていても，どのような組織マネジメントを行うことで対話が起こる職場環境が形成されていくかというマネジメント領域からの分析は希薄である。経営学や組織心理学においては，組織トップがもたらす変革への個人レベルの反応として，組織コミットメント（松山 2006）や経営革新促進行動（高石・古川 2009）などの研究の蓄積があるが，それらも促進要因の抽出や要因間の関係性のモデルを提示するにとどまり，意識変容のプロセスを描いた研究は管見の限り見当たらない。

現在，高等学校には，生徒が「探究」を通して学習する機会を作ることが求められている。2022年度から年次進行で導入される新しい高等学校学習指導要領では，「日本史探究」など各教科に「探究」を含む名称の科目が新設され，「総合的な学習の時間」も「総合的な探究の時間」（以下「総探」）となるが，「総探」は，すでに移行措置により取り組まれている。しかし，文部科学省（2018）が従来の「総合的な学習の時間」の課題の一つとして，「本来の趣旨を実現できていない学校もあり，（中略）高等学校にふさわしい実践が十分展開されているとは言えない状況にある」と指摘するように，変革を求められながらも改革が進まない学校も多くある(2)。県教育委員会（以下「県教委」）主導のような外生的変革の中で教師がいかに意識を変容させて適応していったかのプロセスを明らかにすることは，今後改革に取り組む多くの学校に示唆を与えると考えられる。

そこで，本研究では，実現が難しい高等学校のカリキュラム改革を迫られた教師が困惑や葛藤を経ながらも，「いつの間にか変わっていた」と自己認識するような意識変容がどのように起こっていたのか，そのプロセスを明らかにする。

2　研究の方法

(1)　研究対象校の概要

研究対象校（以下「X高校」）は県庁所在地に位置する県立の普通科進学校で，学年５～６クラスで構成される。教職員は20代と50代が多く，ワイングラス型の構成となっている。X高校は2019年度から文部科学省の指定を受け，地域と連携した教育プログラムの開発を進めるほか，県教委主導で高大接続推進指定校やコンソーシアム構築支援事業のモデル校に指定されるなど大学接続を推進して探究的な学びに磨きをかけていくことや，普通科進学校として教育魅力化を推進させていくことがミッションとして課されている(3)。

これら2019年度から急速に始まった改革に対しては，「県から押し付けられたプロジェクト」「校長が勝手に文科（省）に申請した事業」と，ネガティブな反応を示す教師も多くおり，当初は管理職と教職員との間に溝も見られた。そのような中でもX高校は学校と地域が協働するプラットフォームであるコンソーシアムを2019年度中に立ち上げ，コンソーシアム会議が地域企業と連携した探究的な学習に取り組むことを決定すると，コンソーシアム内の教育プログラム開発ワーキンググループが具体的なプログラム開発を進めていった(4)。

上述のように，X高校における総探の改革の始まりは教師主導で行われた内発的なものではなく，県から与えられたミッションやコンソーシアム会議での決定を受けて現場に投下された外生的変革（佐古 1992）であった。

⑵ 調査対象者

本研究では，X高校の2年部の教師（13名）を対象とした（**表1**）。

表1　調査対象者の概要

	担任等	在校年数		担任等	在校年数		担任等	在校年数
HT	学年主任	5	M	担任	1	HB	副担任	1
W	担任	1	Y	副担任	6	AO	副担任	7
I	担任	1	AK	副担任	1	O	学年付	7
K	担任	2	T	副担任、総探主任	4	AD	学年付	2
N	担任、総探	3						

注：担任等の総探は，総探を推進する分掌担当を示す。

X高校は地域企業と連携した総探を3年間を通じて開講し，そのカリキュラムは学年を越えて繋がっている。ただし，実際の指導は学年部を単位に動くことや，また当事者の一人が「みんな前のめり」な意識で取り組んだと評価したことから2年部全員を対象とした。なお，学年主任（HT）および総探を推進する分掌の主任（T）と2年部担当の（N）の3名をミドルリーダーとした(5)。

⑶ 調査内容

2020年11月から12月にかけて，X高校と筆者らの所属先を結んでオンラインでのインタビューを行った。筆者らが分担し，調査対象者ごとに一対一で1回1時間を目安に行った。インタビューは「総合的な探究の時間で先生自身が学んだこと」「総合的な探究の時間について，周囲の先生とどのようなことを対話しているか」「昨年度と今年度で授業への関わり方に変化が出たか」「以前勤務していた学校とX高校で総合的な探究の時間への関わり方に変化はあるか」を共通の質問項目とする半構造化形式で行った。

インタビューの内容は，事前に許可を得て録音し，後日テキスト化した。

⑷ 分析手法

テキスト化したインタビュー記録は「修正版グラウンデッド・セオリー・アプローチ」（以下「M-GTA」）（木下 2003，2007）を採用して分析した。M-GTAは，人間の行動や他者との相互作用によってなされる“動き（変化・プロセス）”の説明や予測に有効な理論生成を目指す質的研究方法の一つである（木下 2003）。M-GTAの採用理由は，本研究が調査対象者の語りから総探の指導での生徒や同僚，連携先の企業の方々との社会的相互作用における意識変容のモデル構築を目指すためである。先述の通り，本研究は意識変容を意図して介入した方策の検証でなく，本人たちも何が影響したか自覚できていない意識変容の要因やメカニズムを探索的に明らかにしようとしている。

具体的に，まずテキスト化したインタビュー記録を読み込み，分析ワークシートの概念，定義，具体例，理論的メモ欄に記入した。研究目的と関連する意味内容のまとまりを具体例として抽出し，具体例を説明した文章である定義と，さらに解釈し端的に表現した概念の素案を作成した。他の調査対象者のデータとの類似比較を行い具体例があれば追記し，2名以上具体例がある場合のみ概念とした。また，生成した概念の対極例を探る対極比較の結果や，異なる解釈可能性や概念間の関連のアイデアなどを理論的メモ欄に記入した。分析ワークシートを基に，概念の有効性や新規概念の生成可能性を検討し概念を確定させた。次に，生成した概念から複数概念を包括するカテゴリーを生成し，カテゴリー内で分けられると判断した場合はサブカテゴリーを生成した。生成した概念，カテゴリー間の流れや影響を著した概念図と簡潔に文章化したストーリーラインを作成した。分析では随時インタビュー記録に立ち戻り概念などの検討を繰り返し，必要に応じて修正した。また，全体の統合性を検討し，新たに重要な概念が生成されないことを確認し，理論的飽和化に至ったと判断した。なお，分析は教育経営学を専門とする大学教員２名が共同で行った。

3　分析結果

分析の結果,本分析では21個の概念（‘　’）と６個のサブカテゴリー（〈　〉）と９個のカテゴリー（[　]）を生成した（**表２**）(6)。

表２　総探への意識のカテゴリー，サブカテゴリー，概念

カテゴリー	サブカテゴリー	概念	HT	W	I	K	N	M	Y	AK	T	HB	AO	O	AD	人数	率
総探に関わるネガティブな意識	総探への不安	生徒の主体性に委ねる探究活動の設計への不安			○	○		○	○	○	○	○			○	8	61.5%
		生徒の探究活動への見通しの持てなさ		○	○	○		○			○	○		○		7	53.8%
	総探と教科の乖離	総探は授業でないという認識								○	○		○	○		4	30.8%
日常的な対話		生徒支援に関する悩みの相談					○	○		○	○	○		○	○	7	53.8%
		生徒の成長・発達の共有	○			○	○			○	○					5	38.5%
ミドルリーダーによるマネジメント	学年会の活用	進捗状況や困り感の共有	○	○	○		○	○	○	○	○		○	○		10	76.9%
		疑問の解消	○	○		○	○		○				○			6	46.2%
	巻き込み	ミドルリーダーの発信する考え方や行動	○			○	○	○	○	○	○	○	○	○	○	11	84.6%
		担当グループをつけることによる責任の明確化	○	○	○			○			○		○	○	○	8	61.5%
生徒への関わりの意識		失敗を受容する態度		○			○		○	○			○	○		6	46.2%
		生徒主体の学び	○	○	○		○	○	○	○	○	○	○		○	11	84.6%
		生徒支援に関する不安		○	○	○	○	○	○		○	○		○	○	10	76.9%
教師の気づき	総探の質	試行錯誤した実践	○	○		○		○	○	○	○	○	○	○	○	11	84.6%
		生徒の新たな資質能力の発揮	○	○	○	○		○		○			○	○	○	9	69.2%
	教育観の揺さぶり	他者を見ての内省	○	○	○		○				○	○	○	○	○	9	69.2%
		生徒の主体性への驚き	○	○		○	○	○		○	○			○		8	61.5%
モチベーションの高まり		自分が大切にしたい教育観との一致		○	○	○	○		○			○	○	○	○	9	69.2%
		生徒との関わりから得た喜び	○		○		○	○		○	○	○		○		8	61.5%
		創発的な関係の存在	○				○	○	○	○	○	○		○	○	9	69.2%
担当グループを割り当てられたことでの負担感				○									○	○		3	23.1%
教育観の変化			○			○	○	○				○		○	○	7	53.8%
転移		考えさせることを重視した教科指導						○						○	○	3	23.1%
		教師の権威性の低下	○		○	○					○			○	○	6	46.2%

（「人数」は具体例を述べた人数、「率」は調査対象者に占める人数の割合）

それらからストーリーラインを作成し，カテゴリー間の関係を示した分析結果図（**図**）を作成した。

(1)　ストーリーライン

教師は大きくプログラム内容を変えた総探に［総探に関わるネガティブな意識］を持つが，［日常的な対話］や学年会を活かした［ミドルリーダーによるマネジメント］によって悩みの受け止めや不安への支えを得る。ミドルリーダ

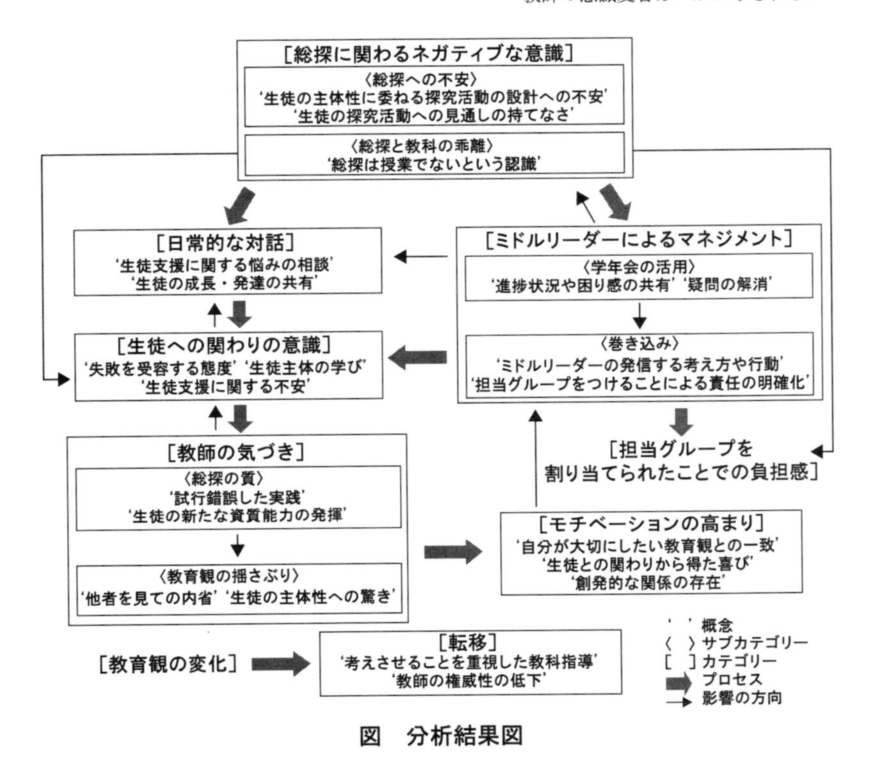

図　分析結果図

ーによる総探への巻き込みは［担当グループを割り当てられたことでの負担感］も生み出すが，同時に［生徒への関わりの意識］に影響を与える。生徒に関わる中で教師は，生徒支援への不安も経験するが，生徒主体の学びを試行錯誤しながら実践し，［教師の気づき］を得たり，主体性に触発されたりするなどして［モチベーションの高まり］を生む。そして［モチベーションの高まり］は［生徒への関わりの意識］に影響を与えるなど，循環構造を形成する。

［生徒への関わりの意識］やそこから得た［教師の気づき］は教師に総探の価値や意義に気づかせ，これまでの［教育観の揺さぶり］に繋がり，［教育観の変化］に繋がる。［教育観の変化］に伴い，実際の生徒への関わり方が変わった教師は総探だけでなく，自身の受け持つ教科でも生徒主体の学びを志向するようになるなど他の場面への［転移］が生じている。

以下，分析結果をカテゴリー別に説明する。

[総探に関わるネガティブな意識]

学校組織はこれまで形成してきた組織文化の慣性が働き，新しいものに挑戦しにくいことは多くの研究で指摘されている（例えば，吉田 2005）。X 高校はコンソーシアムで決定された「企業と連携した総探」を始めることになったが，これを担う教師集団は様々な不安を抱えていた。〈総探への不安〉は，従来と異なり生徒主体での探究活動になったことで，「私自身このキャリア教育とがっつり結びついている形の総探というか総学自体が初めてで，だからここに意図があるのか，しっかりした狙いがあってスモールステップがあんまりないのかっていうのが分からないので，どうなんだろう？うーん。」（I 氏）と‘生徒の主体性に委ねる探究活動の設計への不安’を持っている。実際に生徒主体の探究活動にどう伴走するのかも不安材料となっており，「生徒同士の会話が増えるので，うまい関わり方とか，はぜんぜん僕はできていないと思うので，その辺の不安はありますし」（AD 氏）など，‘生徒支援に関する不安’と「不安は常にあります。あのー，自由度が高い場合に，あのー，何が起こるか分からない怖さは常に，はい。」（K 氏）など‘生徒の探究活動への見通しの持てなさ’に不安を抱いている。従来と異なり，教師がある程度道筋を示す学びではなく，生徒が自分で選択・判断しながら探究活動を進めていく設計に教師がいかに伴走をするかなど，教師自身が悩みながら関わっている。

同時に，〈総探と教科の乖離〉として，「しんどい，きついな，しんどいなと，でも自分の指導歴の中に，こういった経験がない，という人が多いと思うので。負担は負担ですよね，授業ではないので。」（AK 氏）というように，従来の指導歴にない生徒への関わり方をしていることは負担感を生んでいる。この負担感の背景には‘総探は授業でないという認識’もあり，総探は本来の自分たちのするべき教育活動ではないという，旧来的な考え方も垣間見える。

この認識が意欲の低下を招いている側面があるものの「どういう方向がいいのか，自分たちで，まあ，決めて，まあ，考えるっていう。まあ，そういう，学び方っていうのが，（中略）他の学びとの違いですよね。」（AK 氏）というように，総探を普段の教育活動ではできないことができる学習機会と捉えており，[生徒への関わりの意識］や指導方法にも影響を与えている。

[日常的な対話]

新しい取り組みは教師に不安を生み出すが，これには［日常的な対話］により対応している。生徒の主体性を尊重した支援をいかに実現するかという不安や課題に対しては，「困っているけどどうしたらいいかなっていう話は，よくしてると思います。」（HB 氏）など，‘生徒支援に関する悩みの相談’をして，今後の支援方針を考える参考にしていた。

自身が抱える困りごとを解決するための相談のほか，「子どもたちがどう動いているかとか，どんな心配事があって，どんな成長があったりするかっていうことに目が向きやすい方だと思っていて。そういう話を，同僚とも共有することが多い気がします。」（K 氏）と‘生徒の成長・発達の共有’をするなど，これまでの教育効果を確認し合い，不安を和らげる相談も行っていた。

このような相談や対話の動きは場が設定されてなされていたわけではなく，「立ち話です。意図的に時間作ってとかはないです。」（AK 氏）というように，職員室や総探のため教室に向かう途中など日常の場面で自然発生的になされたものである。一方で，教師が抱えている不安や悩みに対して意図的に支援しようという［ミドルリーダーによるマネジメント］も行われていた。

［ミドルリーダーによるマネジメント］

マネジメントは大きく二つの動きで進められる。一つは今後の具体的な打ち手に繋げるために教師の抱える困り感を吸い上げる〈学年会の活用〉である。「学年会では『これ，最終的にどうなんの？』『何を目指してんの？』っていうのは，ほんとによく，会議の中で私がした質問です。（中略）常に誠実に答えてくれようとしましたねえ。（中略）で，やってみた結果，いろんなことが起きたことによって，『あ，これはやってよかったね』とか『こうやるとうまくいくね』というのが見えてきた」（K 氏）と，ミドルリーダーの丁寧な対応が‘疑問の解消’をもたらす。時間に限りのある学年会であるが，毎週「進行状況的な連絡報告みたいなところが主ですけど，あとはこっちが詰まった時にこれからどうすべきかっていう相談ですねぇ。」（M 氏）と‘進捗状況や困り感の共有’も行っている。学年団の教師が互いの状況や何に困っているかを共有しあう場を毎週の学年会の中に埋め込むことで，日常的な場面でも気軽に相談しあう空気感が形成されている。このような〈学年会の活用〉が，〈総探への不安〉に対応し，悩みの受け止めや不安への支えとなっている。

二つ目の動きはミドルリーダーによる〈巻き込み〉である。「全部分担制にしましたので，結局この班は何々先生とか，だから副担任の先生も役割が明確になったと思うんです。それが結構，副担の先生にとって大事だと思うんです。」（HT 氏）と，各教師が総探の時間にどのグループを中心的に見取ればよいのか明確にしたことで‘担当グループをつけることによる責任の明確化’を実現している。さらにミドルリーダーからは「答えとか先生方は言う必要はなくて一緒に悩んでくださいっていう声掛けがまあ大きくて…。」（O 氏）のように，‘ミドルリーダーの発信する考え方や行動’が共有されている。これにより，［生徒への関わりの意識］において学年団で共通の見通しを持てるようになるなど，学年団が迷わずに探究活動に関わることができる状況を生み出している。このようにして，総探に関わる教師が自分の役割や関わり方を明確に意識して関わることができるよう，ミドルリーダーが役割を果たしている。

［担当グループを割り当てられたことでの負担感］

ただし，ミドルリーダーによる意図的な巻き込みは，「その全教員にその担当の班をつけるっていう，これがもうそのやらざるを得ないっていう，そこはまだちょっと消極的なやらざるを得ないっていう気持ちですけど」（O 氏）と，［担当グループを割り当てられたことでの負担感］も招く。このことは，‘総探は授業でないという認識’も背景にあると考えられる。「まあ重荷といえば重荷ですよね。うん。総合の時間はプラスアルファー，まあできれば，あの一，ないほうがいいと思っている。」（AK 氏）というように，できれば関与したくないと考える教師には重荷となる。このようなネガティブな感情が背景にあると，担当グループを割り当てるなどの〈巻き込み〉は効果を発揮しにくくなる。教員組織が前進するために不可欠な教師の意識変容や［モチベーションの高まり］を生む起点となるのが［生徒への関わりの意識］である。

［生徒への関わりの意識］

ミドルリーダーから生徒への関わり方の方針が示されたり，同僚同士で関わり方について相談したりすることで，「ついなんかやっぱり言いたくなるんですけど，できるだけ生徒側から何かしらのものを引き出したいなぁっていう気持ちがあって，できるだけ生徒の方から何かしら聞き出す。」（M 氏）など‘生徒主体の学び‘や「そんな完成されたきれいなものをあんまり求めてるつもりはなくて。まあ，かわいそうだけど失敗するなら失敗するのも勉強だと思ってますので」（Y 氏）など‘失敗を受容する態度’を意識しながら生徒に関わるようになっている。一方，「生徒同士の会話が増えるので，うまい関わり方とか，はぜんぜん僕はできていないと思うので，その辺の不安はありますし」(AD 氏）と教師は生徒主体の学びに伴走することに‘生徒支援に関する不安’を感じながらも挑戦しており，教師自身も探究する必要性を自覚している。こうした普段の教科指導と異なる指導観で総探において生徒支援を行うことは，[教師の気づき］を生み出している。

[教師の気づき]

総探で生徒主体の活動に伴走する中で，「生徒は勉強するときに，『何が出るか』とか『何が答え』とか，答えに飛びつくことも多いから，総探だと失敗も含めて正解がないから，余計にやってみれる。試してみれる。」(AO 氏）と普段は答えに飛びつく生徒が‘試行錯誤した実践’に取り組むことに気づく。さらに，「生徒の授業とは違ったリーダーシップを発揮できる子だとか，いろんなグループの中で役割を見つけている子だとか，それができない子だとか，普段とは違う一面が見れるので」(W 氏）と‘生徒の新たな資質能力の発揮’を実感するなど，〈総探の質〉の変化による生徒の変化を認識している。

生徒の新たな姿に直面することで，教師は従来の〈教育観の揺さぶり〉を経験する。「『動くじゃん，結構いろいろ考えているじゃん』ていうのはありましたね。」(HT 氏）と‘生徒の主体性への驚き’を感じたり，自分たちの近くで生徒支援を行っている同僚や大学教員を見て「私すぐ答えを言っちゃうので，いつもしまったと思いながら，『これ生徒から答えを引き出さないといけなかったな』と思いながらやっています。ほんとダメ，これはほんとダメですね。大学の先生とか Y 大の方々がそんなふうに自分のクラスの生徒たちに関わっておられるのを見て，あと N 先生が学年会でおっしゃるので，『ああそうだったそうだった』と思って日々反省中です。」(I 氏）と‘他者を見ての内省’を行ったりする。その中で，生徒が自分で考えて行動していくための支援と，自身の普段の支援を比較して自分の支援の在り方を問い直している。

こうした生徒の成長など，総探の意義に気づくことは‘生徒との関わりから得た喜び’など［モチベーションの高まり］に繋がっている。

[モチベーションの高まり]

新しい総探に対して多くの悩み，負担感がある一方で，複数の要素が教師のモチベーションを高める。一つ目は‘自分が大切にしたい教育観との一致’である。「前任校みたいにやると，やった感とか発表した時のスケールというのは結構『すごいな』というものができると思うんですけど，（中略）やらされている感が強いなというふうに見ていて思ったので，それより与えられたもので，限られた時間の中で，ある程度形にしていく方が生徒たちの中に残るものというか，自分たちでやったという達成感とかは残るかなと思います。」（W氏）と，現任校の総探が自分の教育観と一致が見られる際は，当初から前向きに関わっていることがうかがえる。

二つ目は，‘生徒との関わりから得た喜び’である。「そんなまったくプレッシャーじゃないっていうか，ちょっとむしろ楽しみ。授業で見れない生徒の一面を見れるし，なんかあんま気負わずに，こう，『一緒に考えよう』みたいな感じなのが，ちょっと楽しい感じもあるかもしれないですね。」（HB氏）と生徒との協働的な関わりを通じて自分なりの総探への関わり方を見いだしたり，「でまあ，生徒がいるので，生徒の，まあなんていうんですかね，パワーに引きずられて，まあ動いてきたという感じでしょうかね。」（AK氏）と生徒の意欲によって教師の意欲も引き出されたりしている。

三つ目は‘創発的な関係の存在’である。「簡単な言い方なら，『みんな前のめり』。（中略）僕が個人的に相談に行ったりすると，必ず何かしら『あー，そうか』っていうか，意見を言ってくださる。総合に関していえば，僕に相談に来られることもありますから。『今，こうでこうなんだけど，うーん』みたいなんで。『あー，じゃあ僕だったらこういう案もありますね。こんなふうにしたらどうですかね。』って，『じゃあ，やってみようかなあ』って」（N氏）と，自分の働きかけに周囲が反応したり，意見を述べたりしてくれる手ごたえを持っており，前向きな集団形成に寄与している。また，チームワークの良さや創発的関係は，学年団を引っ張るミドルリーダーのモチベーションも高めている。「これまた，この分掌もよくてですね。口出してくれるんですよね。あのー，『僕はこうしたくて，これがいいんだ』って言うんですけど，『それ，でもさあ』って，要はその学年部に基本的には関わらない人が結構言ってくれるのでー。なんかそれがありがたくって。苦労してますけど，その苦労は結構楽しい。」（N氏）と述べており，分掌内での対話や創発的な関係性が学年団を引っ張るミドルリーダーの支援にも繋がっている。

［教育観の変化］

生徒との関わりの中で教育観が揺さぶられた教師は「最初は（中略）その型にはめようとしてた期間があって（中略）そこはちょっと変わっていった気がしますけどね。活動すべきなのはまあこっちじゃなくて，生徒なのでっていう…。」（M 氏）と述べており，教育活動の主体は教師という考えから，学びの主体が生徒であると考えるようになるなど，［教育観の変化］が起きている。このような教育観の変化は「きっかけはよく分からんですけど，活動する中でなんか少しずつ自分の気持ちがそんなふうに変わったような気がします。」（M 氏）と，生徒の探究活動に継続的に関わる中で徐々に起きている。

［転移］

生徒に関わる中で教育観を変化させ，生徒主体の教育を意識的に行うようになった教師は，総探以外の教育場面においても変化している。「数学の授業で，実際，こういう，こっちから答えを出さずに，生徒に考えさせるとか，まあ，お互い話させるとか，そういった活動は以前よりは全然入れているので。影響はあると思っています。」（AD 氏）というように，‘考えさせることを重視した教科指導’を行ったり，「人間関係は良くなりますよ。教科の指導する立場と生徒の関係，絶対的に上にあるじゃないですか。これがね，同じレベルまでほぼほぼ下がるわけですよ。これはね，やっぱり近くなると思います。」（T 氏）というように‘教師の権威性の低下’が見られたりしている。

⑵ 考 察

上述の分析から二つのことが言える。一つ目は，教師の意識変容が［ミドルリーダーによるマネジメント］と［日常的な対話］を起点に生じることである。教師は総探で‘生徒の新たな資質能力の発揮’を目撃するなど，これまでにない〈総探の質〉を経験する中で教育観が揺さぶられ，変化していった。こうした総探の質の変化は，教師の［生徒への関わりの意識］が従来の教師主導でなく，生徒の主体性を重んじていたことから生じた。生徒主体の新たな探究活動に何らかの不安を抱えていた教師が13名中10名いる状況の中で，教師を不安から支え新たな総探の指導観に適応させたのは［ミドルリーダーによるマネジメント］と［日常的な対話］である。特に‘ミドルリーダーの発信する考え方や行動’に影響を受けた教師は13名中11名と多く，ミドルリーダーによる働きかけが学年団の教師の意識変容の起点となっていることが分かる。この11名には本研究でミドルリーダーとした3名も含まれ，ミドルリーダーが相互に影響を与え合っている。学年会や分掌内での創発的な対話などもあり，ミドルリーダーを支える環境があったことがミドルリーダーによるマネジメントを促進したと考えられる。

これまでに授業研究の領域では，教師の意識変容において「教師同士の対話」が重要であるという指摘はされてきており，対話を起こすマネジメントの重要性も指摘されている（田中 2011）。一方で，いかなるマネジメントが，教師の対話を促進し，意識変容を生じさせるかのプロセスは明らかにされてこなかった。ミドルリーダーによる困り感や疑問点の吸い上げと，それに対応した指針の明示が教師集団を前向きにさせている。

二つ目は［生徒への関わりの意識］［教師の気づき］［モチベーションの高まり］が循環構造になっていることである。この循環構造の中で，最初は生徒主体の探究学習に不安を抱えていた教師が，生徒主体の学びを意識し，その成果を実感し，生徒との関わりで刺激を受けることを繰り返した。その中で「いつの間にか変わった」と自覚する意識変容が起きたと考えられる。

4　成果と今後の課題

本研究の意義は3点ある。1点目は，外生的変革が迫られた教師の意識変容プロセスを明らかにしたことである。教師が「県から押し付けられた」とみなし，従来の自らの教科指導の在り方と異なる「地域と連携する総探」に前向きに取り組むようになるプロセスを明らかにした。このことは，予め教師が必要性を認識しない教育活動を成功に導くうえで重要な知見だといえよう。

2点目は，教師の意識変容の組織的要因を明らかにしたことである。教育活動への悩みや不安を抱えた教師がその意義や意味をより明確に意識する「気づき」や「変化」は，ミドルリーダーらによる学年会の活用や巻き込みという組織的要因がもたらすとの知見を得たことも特筆すべきである。先行研究も教師の意識変容と「同僚との対話」などとの関係を指摘していたが，それが何により，いかなる順序で生じるかは明らかではなかった。高等学校の改革困難性として「教科の専門性に基づくセクショナリズム」（川口 2010）が指摘されるが，学年会を活用した対話や指導観の共有化により，教科の枠を越えて学年団として取り組む風土が形成されている。このことはカリキュラムマネジメントにおける組織文化へのアプローチとして重要な視点と考えられる。

3点目は，教師の意識変容におけるミドルリーダーらの役割の重要性を明らかにしたことである。調査対象者は，学年主任や総探を推進する分掌の教師など複数人の異なる機能に言及しており，複数のミドルリーダーがリーダーシップを発揮していることがうかがえた。特に，教師の新規の取り組みへの不安を低減させる役割は従来あまり指摘されなかった。また，ミドルリーダーの他の教師への影響は従来も指摘されていたが，ミドルリーダーを動機づける要因は明らかではなかった。そうした点では，本研究が明らかにした学年団の創発的な関係がミドルリーダーらのモチベーション向上に作用する点は重要な知見だといえよう。しかし，学年部に複数いたミドルリーダー相互の関係性は捉えきれていない。ミドルリーダーたちがどのような意図を持ち，相互作用しながら教師の変容を導いていたのかを明らかにすることは今後の課題である。

本研究は2年部という組織内の教師集団での意識変容を捉えたに過ぎず，他学年や分掌への影響など学校全体への影響を捉えることができていない。「M-GTAは分析に用いたデータに関する限り有効な理論」であり，本稿で生成した理論を一般化させるためには，生成された理論を社会的な場に埋めなおして検証する必要がある（木下 2003)。本稿では理論の生成にとどまっており，学校経営現場での実践を通しての検証や緻密化を行うことが課題である。

［注］

⑴ 組織的対応の規定要因である組織風土に関する先行研究には，林ら（1995）や淵上ら（2004）などがある。また，組織風土の近接概念である組織文化に関しては，岡東・福本（2000）などがある。

⑵ 川口（2010）は，先行研究の整理から高校の「改革困難性」として「大規模性」「教科の専門性に基づくセクショナリズム」「改革を回避する教員の意識」「教員のキャリアの多様性に起因する指導力の多様性」「管理職のリーダーシップの機能しにくさ」を指摘している。

⑶ 県教委が2019年に策定した県立高校の在り方に関する長期計画は，X高校所在地の普通科高校に「魅力と特色ある学校づくり」に取り組むことを求めた。また，2018年度までのX高校は生徒たちの探究的な学びは十分ではなく，総合的な学習の時間は進路学習として職業調べや，大学教員による専門分野の説明などが中心であり，教師たちは必ずしも積極的に取り組んでいたとは言えなかった。

⑷ 筆者らはワーキンググループの構成員として，授業中に生徒に探究活動への助言

を行いつつ，生徒への教師の関わり方を観察し，授業後に授業実践の改善へのフィードバックを行った。なお，本研究の発端は，調査対象者でもあるX高校のある教師の「今年度，２年部の先生方が前向きに関わってくれるのはなぜか」という筆者らへの投げかけにある。

(5) 畑中（2018）は，学校組織のミドルリーダーを「学校組織の『ミドル』にある教員」「人生の『ミドル期』にある教員」「組織へ影響を与える教員」の３つに分類した。その定義に従いHTとTは「学校組織の『ミドル』にある教員」，Nは総探を推進する分掌の２年部担当であるため「組織へ影響を与える教員」としてミドルリーダーとした。

(6) 分析結果の整理の方法は畑中（2012）を参考にした。［教育観の変化］と［担当グループを割り当てられたことでの負担感］の両カテゴリーは，概念として生成したが他概念やカテゴリーとの比較分析を行い，単一のカテゴリーとすることが妥当として判断した。

［引用文献一覧］

・岡東壽隆・福本昌之編著『学校の組織文化とリーダーシップ』多賀出版，2000年。

・川口有美子「高等学校における学校改革の困難性と克服要因に関する一考察『中堅校』の事例分析を通して」『日本高校教育学会年報』第17号，2010年，48-58頁。

・木下康仁『グラウンデッド・セオリー・アプローチの実践ー質的研究への誘いー』弘文堂，2003年。

・木下康仁『ライヴ講義M-GTA実質的質的研究法　修正版グラウンデッド・セオリー・アプローチのすべて』弘文堂，2007年。

・佐古秀一「コンピュータ導入と学校の対応に関する組織論的考察：外生的変革に対する学校組織の対応とその規定要因に関する事例研究」『日本教育経営学会紀要』第34巻，1992年，50-63頁。

・佐古秀一・竹崎有紀子「漸進的な学校組織開発の方法論の構築とその実践的有効性に関する事例研究」『日本教育経営学会紀要』第53巻，2011年，75-90頁。

・佐古秀一・中川桂子「教育課題の生成と共有を支援する学校組織開発プログラムの構築とその効果に関する研究ー小規模小学校を対象としてー」『日本教育経営学会紀要』第47巻，2005年，96-111頁。

・高石光一・古川久敬「経営革新促進行動に関する研究ー職務自律性の影響過程についてー」『産業・組織心理学研究』第23巻１号，2009年，43-59頁。

・田中里佳「成人学習理論の視点を用いた教師の意識変容に関する研究ー小中連携・一貫教育事業に参加した教師たちの事例分析ー」『日本教師教育学会年報』第20号，2011年，99-110頁。

・西山久子・淵上克義・迫田裕子「学校における教育相談活動の定着に影響を及ぼす諸要因の相互関連性に関する実証的研究」『教育心理学研究』第57巻1号，2009年，99-110頁。
・畑中大路「M-GTA を用いた学校経営分析の可能性ーミドル・アップダウン・マネジメントを分析事例としてー」『日本教育経営学会紀要』第54巻，2012年，76-91頁。
・畑中大路『学校組織におけるミドル・アップダウン・マネジメントーアイデアはいかにして生み出されるか』ハーベスト社，2018年。
・林孝・福本昌之・曽余田浩史・矢藤誠慈郎「教師の力量形成に及ぼす学校の組織風土・組織文化の影響に関する実証的研究（Ⅲ）ー組織レベルの分析を中心にー」『広島大学教育学部紀要』第1部第17巻，1995年，151-162頁。
・淵上克義・小早川祐子・下津雅美・棚上奈緒・西山久子「学校組織における意思決定の構造と機能に関する実証的研究（Ⅰ）ー職場風土，コミュニケーション，管理職の影響力ー」『岡山大学教育学部研究集録』第126号，2004年，43-51頁。
・松山一紀「新しい HRM 施策の受容と組織コミットメント：A 大学を事例として」『経営行動科学』19巻3号，2006年，251-261頁。
・文部科学省編『高等学校学習指導要領（平成 30 年告示）解説 総合的な学習の時間編』学校図書，2018年。
・吉田美穂「教員文化の内部構造の分析『生徒による授業評価』に対する教員の意識調査から」『教育社会学研究』第77集，2005年，47-67頁。

How Did Teachers Transform Their Perspective? -Focusing on "Period for Inquiry-Based Cross-Disciplinary Study"-

Satoshi NAKAMURA (Shimane University)
Shintaro KUMAMARU (Oita University)

The purpose of this paper is to clarify the process of how high school teachers transform their perspective under pressure for exogenous change. We interviewed 13 teachers who teach second grade students at X high school. The interview data were analyzed through M-GTA.

As a result, two following things were revealed.

First, the teachers' transform of perspective was brought by management behaviors by the middle leaders and daily dialogue with colleagues. The teachers taught Period for Inquiry-Based Cross-Disciplinary Study to value students' initiative instead of the traditional teacher-led lessons. It gave experiences to the teachers to find appearances of the student's new competencies. These experiences have shaken and transformed the teacher's perspective of education. The management behaviors by the middle leaders and daily dialogue with colleagues supported the teachers who were worried about the student-centered inquiry activities and adapted them to that. The middle leader's awareness to their questions as well as the clarification of the corresponding guidelines make the teacher group positive. The teachers transform to be positive to the new view of inquiry. Through dialogues and sharing of teaching views in their grade meetings, a working culture as a grade group has been formed beyond the boundaries of subjects. This can be an important perspective to form an organizational culture in curriculum management.

Second, the teachers' involvement with students, the teachers' awareness, and increasing motivation form a cyclical structure. In this cyclical structure, teachers who were initially anxious about student-centered inquiry learning became aware of the effectiveness of the student-centered learning, and further stimulated by their involvement with the students. This cycle was repeated. It can be thought that the teacher's perspective of teaching could be changed through this process.

教育経営の実践事例

小規模小学校における教務主任の職務遂行プロセス
に関する研究
―新型コロナウイルス感染症拡大防止の臨時休業
に伴う対応に着目して―

深見　智一

《教育経営の実践事例》

小規模小学校における教務主任の職務遂行プロセスに関する研究
―新型コロナウイルス感染症拡大防止の臨時休業に伴う対応に着目して―

釧路町立遠矢小学校　深 見 智 一

1　目的と課題設定の理由

現在，我が国では，学校の小規模校化が進行している。今後も一定の割合で小規模校が存続していくことが予想されるなかで，小規模小学校がどのような組織体制で運営され，その体制でどのような活動が実現できるのかを考えていくことは重要である。「学校の小規模化に対応できるよう，学校機能の再検討をはかる」（川上 2015：186頁）にあたって，学校組織やそこで働く教職員の働き方は，学校で学ぶ児童生徒の学習環境に大きな影響を与えることから，研究に値する課題と言える。

これまで，小規模校についての研究は，「へき地小規模校に着目した研究が一定程度存在」してきた。学校の「組織の規模が縮小する中で効果を維持・向上をいかに図るかという点が課題」であり，「小規模組織を有効に機能させるための理論研究や技法の開発などの実践研究の蓄積」が必要な状況である（島田・貞広 2014：226頁）。小規模校の学校経営に関する研究動向は，高橋・加藤（2015）によって，校務分掌組織，校内研修の充実と若手育成，管理職のリーダーシップの在り方の3観点からまとめられている。とくに，小規模校の校務分掌組織は，一人の教職員が複数の役割を果たす必要があり，全教職員が「全分掌に関わる分掌組織の在り方」を検討して教職員数の少なさを補える可能性はあるものの（玉井 2004：52頁），実際の運用は各学校に任せられ，その具体策は明確になっているとは言えない。

学校経営において教務主任は，「校長の監督を受け，教育計画の立案その他の教務に関する事項について連絡調整及び指導，助言に当たる」（学校教育法施行規則第44条第４項）とされ，学校経営への積極的な関与が期待されているが，極小規模校で教務主任を務めた経験を有する筆者は，その職務遂行が容易ではないということを感じてきた。それは，小規模校特有の教務主任の状況として，教職員数の関係上，教務主任業務と学級担任業務との兼務をしなければならないからである。「教務主任は校長・教頭に次ぐ第３のポスト，学校教育の要，教育課程の推進者等」とされているが，「実態が今ひとつ明確ではな（く）」（明石ら 1998：107頁），教務主任の職務遂行のプロセスは学校ごとの文脈に強く左右されやすい特徴を有している。学校経営における教務主任の役割についての研究も，吉村ら（2017），大﨑（2018）など少数で研究の蓄積が必要な状況である。

このような課題意識から，本研究では，極小規模校の教務主任がどのようなプロセスを経て役割を果たし，学校運営に関わるのかに係る事例研究を通じて，小規模校の学校運営や組織体制の検討に寄与する知見を提示したい。その事例として，新型コロナウイルス感染症拡大防止の臨時休業に伴う対応を取り上げる。臨時休業に伴う対応は，学校規模に関わりなく，学校運営の根幹に関わる問題を多く有しており，学校が担っていた「教育機能」「福祉的機能」「社会的機能」をどのように維持していくかが課題となっていた（佐古 2021：132頁）。そのなかで教務主任には，学校行事を含めた教育課程の見直し，感染症対策を講じながら実施する学習活動の実施，一連の対応についての教職員や児童及び保護者等への提案・説明に関する中心的な役割を果たすことが求められていた。そのため，教務主任が学校運営においてどのように役割発揮をしているのかを分析するのに効果的な事例であると考えられる。なお本稿では，「公立小学校・中学校の適正規模・適正配置等に関する手引」（文部科学省 2015）をもとに，標準規模とされる12～18学級を下回る小学校を小規模校とし，複式学級がある規模の小学校を極小規模校として扱う。

2　Ａ小学校での事例

(1)　Ａ小学校の概要

本事例で取り上げるＡ小学校（以下，「Ａ校」と表記）は，2020（令和２）年度において，児童数20名以下（通常の学級：３，特別支援学級：３），教職員数15名（県費負担職員：10名）の極小規模校（へき地級指定有）である。Ａ校の組織を学級担任業務の視点と校務分掌業務の視点で図式化すると**図１**，**図**

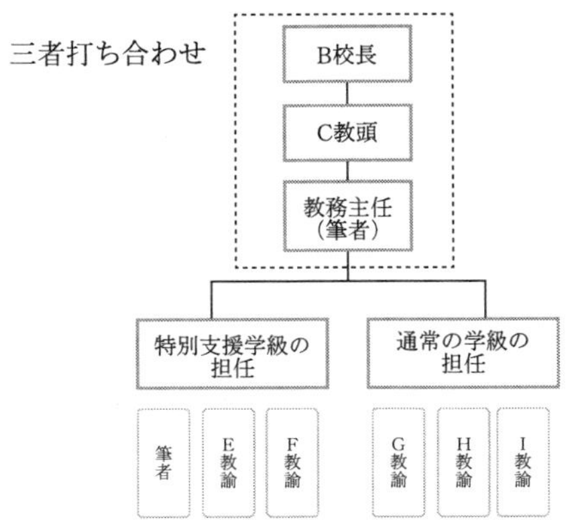

図１　Ａ校の組織図（学級担任業務の視点）

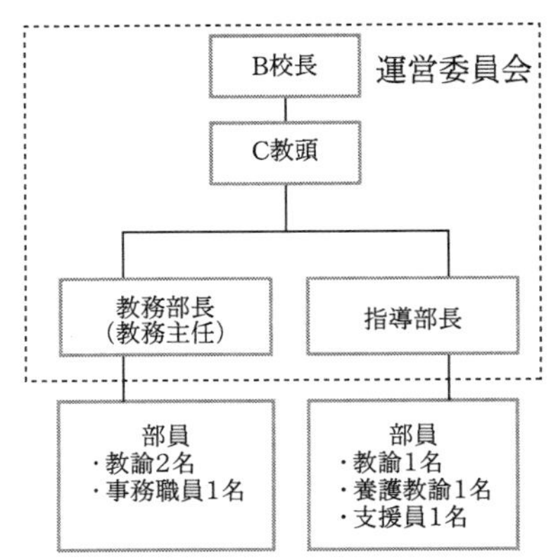

図２　Ａ校の組織図（校務分掌業務の視点）

２のようになる。

筆者は，単学級，複数学級の学校を経て，複式学級があるＡ校に赴任した。本事例時の教職経験年数は16年目で，Ａ校勤務は７年目（教務主任として２年目）である。Ｂ校長は，Ａ校勤務３年目で，郡部の小規模校での勤務経験を多く有する。Ｃ教頭は，Ａ校勤務１年目で，都市部の大規模校での勤務経験を多く有する。Ｄ校長は，Ｂ校長の前任者（2018，2019年度）で，都市部の大規模校と郡部の小規模校でのいずれでも教諭，管理職としての経験を有していた。なお，本研究については，Ｂ校長をはじめとする教職員に研究の趣旨を説明し，同意を得た上で行っており，児童等の個人情報が特定されないように表現を変更している部分がある。

⑵　教務主任業務の分類

①　通常時における教務主任としての業務と校内体制

Ａ校の校務分掌組織では，教務部に４名の教職員が所属し，教務係（教務主任である筆者），研修係，文化係，学務係（事務職員）に分かれていた。小規模校の校務分掌業務は，業務が細分化されやすい特徴を有するが，Ａ校において教務主任が担当する業務は，教育課程の編成・実施・評価に関わる業務以外にも地域連携やＰＴＡ活動等の対外的業務など，他の校務分掌に比べて業務量が多い。また，Ａ校では前任のＤ校長在任時から日常的に校長・教頭・教務主任の3名による打ち合わせが行われていた（以下，「三者打ち合わせ」と表記）。毎朝の全教職員での打ち合わせ前に行われるものと，必要に応じて行われる不定期のものがあった。内容は，1日の予定や職員の動向の確認，校長会・教頭会での決定事項の伝達，学校運営にあたって検討が必要な事項についての事前協議等である。このほかに，学校組織上の特別委員会として「運営委員会」が設置されており，校長，教頭と校務分掌の代表者（教務主任，生徒指導部長）が職員会議の議題を話し合ったり，学校運営上大きな変更を要する点について事前に検討をしたりすることがあった（基本的に月に1回の定例職員会議の前に実施）。管理職以外では，教務主任だけがいずれの会議にも参加することから，教務主任は学校運営への関与の度合いが他の教員に比べて高い状況があった。

とりわけ，教務主任業務に関わる標準規模の学校との違いとして，教職員定数の関係上，教務主任も学級担任を受け持つという特殊性がある。A校が所在する地域の教職員配置基準では，児童数が100名以上で通常の学級が6以上ある場合（主に単学級小学校）は，校長，教頭を含めて9名の教職員定数となり，担任を受け持たない教員が1名いる校内体制を組織できる。その場合，学級担任を受け持たない教員が教務主任を務めることが多い。しかし，A校のような極小規模校では，場合によっては教務主任だけではなく，教頭も学級担任を兼務することが珍しくない。筆者も高学年の特別支援学級の担任と教務主任を兼務していた。また，教務主任業務の「学級経営，学習指導に関わる指導・助言」の業務として他の学年の学習指導にも関わり，低学年の国語・算数の複式授業の補助，別の特別支援学級の児童の国語・算数の指導，通常の学級に在籍する児童の算数の個別指導を担当し，加えて，学級担任が不在の場合の対応も担当していた。教務主任に業務が集中することを防ぐため，前任のD校長が，教頭や教員免許を有する特別支援教育支援員と学習指導を分担する体制を提案し，実施されていた。1週間の授業担当時数は25時間程度で，1日1時間程度の空き時間を教務主任業務に充てる体制がB校長着任時にも継続されていた。なお，この体制の実施にあたっては，学級間の時間割調整が必要になる。その業務は，特別支援教育コーディネーターのE教諭が担当し教務主任の負担軽減を図るとともに，学習指導や学級経営を組織的に行う校内体制の工夫がされていた。また，教務主任として突発的に対応が必要となった場合は，教務主任の授業時数を減らせるように時間割の変更を申し出る通常の学級の担任がいるなど，周囲の教員の理解を得られていたことも業務の前提となっていた。

このような体制を構築していたのは前任のD校長で，教務主任が学級担任業務よりも教務主任業務を行うことに比重を置くような校内体制に変更した。筆者の教務主任の命課にあたっては，「三者打ち合わせを非常に重要と考えている」という方針を伝えられていた。人事等の機微な情報を除いて，学校運営に関わる重要事項の決定にあたり，校長の補佐を行う教頭や教職員のまとめ役である教務主任の意見を聞き，学校経営に反映していくことで，学校全体の意思決定のスピードアップが図られ，それが小規模校の効率的な学校運営につながるとD校長は考えていた。また，事務職員を教務部に配置することで，教務部に関わる業務を担当できるように組織体制を工夫した。さらに，D校長の後を引き継いだB校長は，これらの方針を踏襲しつつ，教頭業務の一部を校長が担当し，教務主任業務の一部を教頭や他の教員に担当を変更して教務主任の負担軽減を図るなど，今後の職員数の減少や人事異動に伴う教務主任の交代を見据えた持続的な組織体制の構築に取り組んでいた。

② 臨時休業に伴う教務主任としての業務

A校は，2020年4月16日から5月11日まで，新型コロナウイルス感染症拡大防止に伴う臨時休業となった。その間，教務主任として**表**の業務を担当した。いずれの業務も教務部が主管する業務で，業務開始の契機の違いに着目し，3つに分類した。

表－A「管理職からの要請に基づく業務」は，教育委員会レベルで対応を統

表　新型コロナウイルス感染症拡大防止の臨時休業措置に伴うA校の教務主任の業務

A　管理職からの要請に基づく業務	B　修正作業が伴う業務	C　ボトムアップ型の新規の提案業務
ア　入学したばかりの1年生への休校中の対応（教育委員会より通知） イ　臨時登校日の対応（教育委員会より通知） ウ　教職員の勤務体制の変更に伴う対応	ア　臨時休校に伴う児童及び家庭への連絡に関する調整（家庭学習の課題，生活のきまり等） イ　年間行事予定（学校行事や校外学習，職員会議等），週や月ごとの学校スケジュールの調整 ウ　各学年の授業時数，学習進度の確認 エ　日課表の見直し	ア　特別支援学級に在籍する児童及び家庭への対応（オンライン授業，対面での分散登校，家庭訪問） イ　オンライン会議システムの活用（オンライン授業，職員会議や校内研修の実施について）

一することが決定された内容で，各学校の裁量の余地がなくトップダウンの業務と言える。**表**－B「修正が伴う業務」は，日常的に教務主任が担当している業務のうち，臨時休業に伴って何らかの修正が伴い，管理職との調整を経て行う業務である。**表**－C「ボトムアップ型の新規の提案業務」は，管理職からの要請ではなく，臨時休業に伴って教務主任として必要と感じ，自ら取り組んだ業務である。そのうち，C－アの実施プロセスについては，特徴的な事例として次節で詳述する。

⑶　特徴的な事例：特別支援学級に在籍する児童及び家庭への対応

Ａ校周辺自治体での感染症拡大の状況を踏まえ，４月15日の時点で，16・17日両日の臨時休業が決定した。その後，全国への緊急事態宣言の発令に伴って，臨時休業が長期化する見通しとなった（16日時点）。この後の教務主任の対応過程について，図式化したものが**図３**である。同日，筆者は，筆者と同じ立場にある特別支援学級の担任であるＥ教諭（特別支援教育コーディネーター）と，３月の臨時休業期間中の児童及び家庭の状況を踏まえて，今回の臨時休業期間中の児童及び家庭への対応策について検討が必要という認識で一致した（**図３－①**）。そこで，４月16日の三者打ち合わせの際に，管理職と相談を行い，「特別支援学級を含むすべての学級において，１週間に２度，学級担任や特別支援教育コーディネーターが電話で保護者及び児童本人と連絡をとり，情報収集を行う」という方針を教職員に提案することとした（**図３－②**）。臨時職員会議の協議では，「できるだけ早く全校で統一した対応をとることで，児童や保護者だけではなく，教員も見通しをもって対応できるので安心できる（Ｇ教諭）」「時間割や学級通信の配付に合わせて連絡をとることで，児童の様子を保護者に確認しやすい（Ｆ教諭）」（Ａ校職員会議議事録より抜粋）と前向きな理解が得られた（**図３－③**）。速やかに取り組みが実施され，特別支援学級の児童や教育的支援を

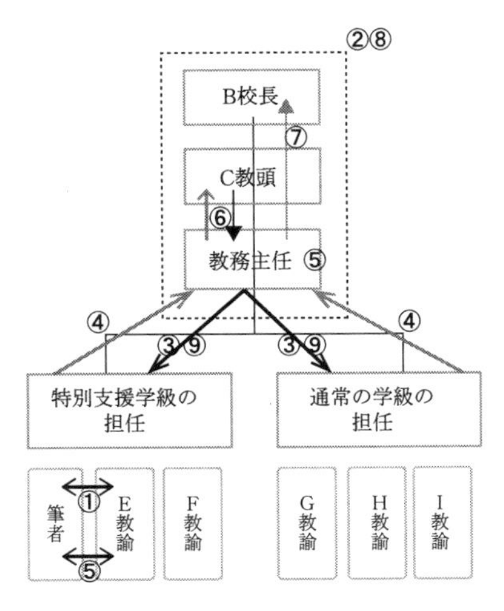

図３　Ａ校の教務主任業務に係る合意形成のプロセス

必要とする児童を中心に，生活習慣の乱れやきょうだい間のトラブル，臨時休業による児童及び保護者の過度のストレス等の状況が見られることが各担任から教務主任に報告された（**図3－④**）。

この状況をもとに，教務主任として対応策を検討するにあたっては，同僚として信頼しているE教諭と今後起きうる状況を確認し，児童及び家庭ごとの個別対応が必要という認識で一致した。そして，特別支援学級の児童のうち緊急性のある児童についての分散登校の実施，及び全校でのオンライン学習の実施を起案することとした（**図3－⑤**）。この決定に至るまでには，筆者の学級担任及び教務主任としての二重の役割があったことが大きく影響していた。学級担任としては，児童やその家庭の実態がよく分かる立場にあり，どのような対応が必要かを把握しやすかったこと，教務主任としては，臨時休業によって児童や保護者への対応等の学校の教育機能が停滞している状況に課題意識を感じていたことが，管理職へのボトムアップ型の提案につながっていった。管理職だけではなく，同年代で教職経験年数が近く，同じ特別支援学級担任である同僚との日常的な「横の」つながりがあったことも，制約があるなかでも何か進められることがないかを考える契機になっていた。その後，C教頭への相談により，通常の学級や特別支援学級に関わりなく，全校で同じ指導ができるように準備したほうが，児童だけではなく保護者や教職員も安心できるので望ましいという助言があった（**図3－⑥**）。その助言を踏まえ，4月17日の三者打ち合わせで，B校長へ実施計画について具申した（**図3－⑦**）。提案の趣旨や基本的な方向性について概ね理解が得られ，設置者である教育委員会や他校との校長の協議を経ることとなった。しかし，その過程で，自治体内での公平性（学校間の差，ICT環境等の家庭間の差等）の観点から，学校全体で取り組むことには時間を要することが予想されたため，全校でのオンライン学習の実施の提案は一度取り下げることとした。同時に，児童数が少人数であることを活かした対応を検討していたB校長に対し，特別支援学級の児童への対応を優先し，前年度3月に実施していた特別支援学級の児童への個別対応の継続方法としてオンライン学習を「試行的に」実施することを提案した。同日の三者打ち合わせで承認され，教職員への提案後に実施されることとなった（**図3－⑧⑨**）。

試行的実施の対象児童は2名で，臨時休業開始5日目の4月20日からオンライン学習を開始し，さらに2名の児童も準備が整った時点で開始した。事後に実施した保護者アンケートでは，臨時休業期間中のオンライン学習についてすべての保護者が最も肯定的な評価で回答した。「オンラインや分散登校があったおかげで，学校への意識が遠のくことなく過ごせたのでありがたかった」「毎日，オンライン授業（健康観察，学習指導）があったことで，生活リズムが安定していた。『楽しい』と言って参加していたので，気持ち的にも前回の臨時休校のときよりもイライラしていることが少なかった」（記述回答より抜粋）という好意的な評価が得られた。

また，管理職の理解が得られたことで，オンライン学習の取り組みの成果は他の分野に普及することになった。とくに，特別支援学級のオンライン学習開始後，B校長の呼びかけにより筆者とE教諭が行っているオンライン学習の見学が行われたことが契機となった。実現はしなかったものの「是非，うちの学級でも実施したい（H教諭）」と管理職に要望する通常の学級の担任の反応も見られた。その後，職員会議や校内研修，参観日や学習発表会，長期休業期間中に児童が参加する朝の会・学習会などがオンライン会議システムを活用して広く行われることとなった。1学期終了後に開催された教務部主催の「コロナ対応で学校を見つめなおすワークショップ」では，A校での対応について「ある程度，教務部で方向性を示して提案してもらえたので協議がしやすかった（I教諭）」「臨時休業期間中だからといって学校が止まっていない，何もできないわけではないということを示せた（E教諭）」（参加者の振り返りコメントより抜粋）という評価がされた。

3　考察

極小規模校の学校経営を効果的に進めていくためには，限られた人数で職務を分担することを前提とし，学級や学年，校務分掌の垣根を越えて，連絡・調整等の役割を担う教員が必要である。本事例から，その役割を主に教務主任が担い，平常時から定期的な三者打ち合わせによって円滑な組織運営が行われたり，緊急時にはボトムアップ型の提案を起案・検討・調整したりする等，日常の校内体制が緊急時の校内体制と連続性を有していた。とくに，極小規模校の教務主任が，学級担任を兼務しながら学校運営に関わるために，校内での運用の工夫を組織的に行うことが効果的であった。具体的には，学習指導に関する役割分担を行うことで授業時数を減らしたり，教務部の組織体制を変更することで教務主任業務に充てる時間を確保したりする取り組みが行われていた。現在，臨時的任用教員等の確保ができず，学校へ配置する教員の数に欠員が生じ，教頭や主幹教諭，教務主任等が学級担任を務めたり，授業を受け持ったりする状況が生じている学校もある。このように，一人の教員が複数の役割を果たすための運用の工夫は，小規模校だけではなく，限られた人数での学校運営が求められる状況にある学校にも適用できる可能性がある。

これらの点に加えて，学級担任を兼務する状況での教務主任の職務遂行プロセスの特徴として次の2点が明らかになった。

第一に，学級担任兼務という状況を活かして職務を遂行していたということである。学級担任は，児童へ直接指導し，保護者とのつながりがあることで多くの情報が集まりやすい。そして，学級担任同士が同じ立場で学級経営や授業の交流を行う機会も日常的にあり，教務主任として他の教職員のニーズも汲み取りやすい。兼務する状況を活かした対応を行うことで，学級担任兼務というデメリットに思われがちな状況をむしろ教務主任業務に活かせていたと言える。その条件整備として，担任業務の負担軽減を図る校内体制の実施や，通常の学級を担任する教員を中心として，教務主任の役割に理解があるということが必要になり，A校の校内体制や教職員のコメントからそれらを確認できた。また，教務主任としての事例への対応の土台は，担任の職務を行っていることや担任同士の「横の」つながりであり（**図3－①⑤**），それをもとに，教務主任としての新たなボトムアップ型の提案をすることで，二重の役割を効果的に果たせる状況につながっていた。畑中（2012）は，ミドル教員が，その立場を活用したコミュニケーション等をもとに基盤の構築を図り，周囲の教員の巻き込みを行うことが学校内でのアイディア実現過程において重要であることを明らかにしているが，本事例では極小規模校でもその知見が適用されることが確認できた。

第二に，学級担任としての視点を維持しながら，教務主任の視点を活かして学校経営に関わっていたということである。学級担任を兼務していることは，教務主任として学校全体の様子を俯瞰する必要があるという自覚をもちながら，自らも学級担任として管理職にマネジメントされるという立場でもあり，このバランスを意識した業務遂行が求められる。**図3－⑦⑧**のオンライン学習実施に至る過程では，一担任として速やかに対応を行いたいという思いを持ちつつも，学校運営という視点で考えると，拙速に行動することはできないという葛藤が生じていた。しかし，校長や教頭が適切な判断をしているのを平常時から身近で見ている教務主任としての判断力が働いた。その結果，現実的に実施できる案を見出すことで，教職員の協働体制を乱さないようにする判断ができ，円滑な学校運営に寄与したと言える。本事例は，兼務による業務面での負担軽減を図る運用の工夫を行いつつ，兼務である立場を利点と考えることで，教務主任が学校運営に積極的に参画できた事例である。

また，本事例を組織体制の構築という観点で考えると，A校の管理職は，教務主任業務を調整し，学校運営参画意欲を高めるマネジメントを行っていたと言える。これまで，学校組織におけるリーダーシップに関する先行研究では，校長や研究主任といった特定の立場にある教員に焦点があてられ，その立場にある教員に求められる能力や職務課題が検討されてきた（小島 1996）。しかし，構成員の数が年度ごとに変動し，固定化した組織体制を構築することが難しい極小規模校では，特定の立場が果たすべき役割を一般化すればするほど，その学校の状況に合わせた組織体制を作ることが難しくなる。本事例のように，学校規模や状況に合わせて工夫ある方策を講じ，学校規模に応じたマネジメントを行う管理職のもとでは，**図3**のようなボトムアップ型の提案が受け入れられやすい環境にあり，教務主任が学校運営に積極的に参画しようとする意欲を高めるものとなっていた。また，教務主任の提案が通らない場合でも，緊急時において生じ得る可能性のある問題を想定しリスク管理を行わなければならない状況を教務主任が十分理解できるだけの協議が行われていた。むしろ，臨時休業というこれまで経験したことのない状況のなかで，管理職は先進的な取り組みを実施できるように前向きに調整を行い，さらにその取り組みを他の教職員や様々な分野に広めていくことで，平常時よりも教職員の協働性が高まるようなマネジメントを行っていた。

4　課 題

結びに，本研究における課題として，以下の3点を挙げておきたい。

第一に，学校組織の地域性や個別性の問題である。各学校の組織は，教育委員会や地域（学校運営協議会等）との外部との関係，内部の関係（教職員団体や人間関係など）によって，それぞれ特有のグループ・ダイナミックスが作用している。また，各自治体で設定されている教職員定数配置基準により，教頭が学級担任を兼務すること，教頭や事務職員，養護教諭が未配置になる場合があることなど，各学校の教職員数が異なる状況もある。したがって，本研究で得られた知見はあくまでも一事例に留まり，教務主任の職務遂行のプロセスは学校ごとに個別に検討されていく必要があることに留意する必要がある。

第二に，教務主任の力量形成や持続的な組織体制に関わる問題である。教務主任としての経験が浅かった筆者が，日常業務に加えて，非常時を乗り越える職務遂行能力をどのようにして身に付けたのかという教務主任としての力量形成の問題や，また，A校での勤務年数の長さを活かした職務遂行をしていたが，担当が交代することを見据えた持続的な組織体制の構築にどのように取り組んだかという問題については，本稿では取り上げることができなかった。本事例は，筆者の「個」の力によるものではなく，A校の学校組織が教員の職能開発に良い影響を及ぼし，また教員個々の力も学校組織に微力ながら貢献したものと考えるが，小規模組織が人的体制の変化を伴いながらどのように組織体制を維持し，変容していくかについても今後検討の価値がある課題と言える。

第三に，本稿の枠組みは，従来型の学校組織を維持することを前提としたものである。小規模校の学校経営に関しては，学校間，地域，福祉などの教育以外の領域，自治体間のネットワークの構築を含めた学校の在り方自体を見直す問題提起もなされていることに留意する必要がある。しかし，想定されているほど学校統廃合が進んでいない現状では，当面の間は小規模校も維持されていくことが予想されるため，新しい学校の在り方を検討することと並行しつつ，小規模校の機能強化のための知見を導き出したり，仮説を生成したりすることも必要である。本事例のように，学校経営における各職務領域の在り方を検討し，それらを統合・蓄積していくことが，小規模校の組織体制の検討に寄与すると考える。

［引用文献一覧］

・明石要一・竹内雄一「『教務主任の役割研究』一教育活動の分析を通して」『千葉大学教育学部研究紀要』第36号，1998年，107-123頁。

・大﨑直子「学校づくりにおける『協働』の実践と省察：小規模小学校での教務主任としての実践から見える課題」『京都教育大学大学院連合教職実践研究科年報』第7号，2018年，125-134頁。

・小島弘道「戦後教育と教育経営」『日本教育経営学会紀要』第38号，1996年，2-20頁。

・川上泰彦「地方教育委員会の学校維持・統廃合判断に関する経営課題」『日本教育経営学会紀要』第57号，2015年，186-192頁。

・佐古秀一「新型コロナウイルス感染症の教育経営研究・実践への示唆」『日本教育経営学会紀要』第63号，2021年，132-134頁。
・島田桂吾・貞広斎子「『学校の小規模校化』に対応した教育経営に関する研究動向」『日本教育経営学会紀要』第56号，2014年，220-229頁。
・高橋望・加藤崇英「へき地小規模校における学校経営とカリキュラム開発に関する研究動向」『日本教育経営学会紀要』第57号，2015年，242-252頁。
・玉井康之「へき地小規模校経営の特性と学校管理職の役割」『へき地教育研究』第59号，2004年，51-57頁。
・畑中大路「M-GTAを用いた学校経営分析の可能性―ミドル・アップダウン・マネジメントを分析事例として―」『日本教育経営学会紀要』第54号，2012年，76-91頁。
・文部科学省「公立小学校・中学校の適正規模・適正配置等に関する手引～少子化に対応した活力ある学校づくりに向けて～」2015年1月27日。
・吉村晴美・中原淳「学校改善を目指したミドルリーダーの行動プロセスに関する実証的研究」『日本教育工学会論文誌』40巻4号，2017年，277-289頁。

A Study on the Job Performance Process of a Chief of Academic Affairs in a Small Elementary School: Focusing on Measures Associated with Temporary Closure to Prevent the Spread of COVID-19

Tomokazu FUKAMI (Toya Primary School in Kushiro Town)

As schools become smaller, it is important to think about what kind of organizational structure the school operates and what kind of activities can be realized with that system. The purpose of this study is to present the results that contribute to the study of school management and organizational structure of small schools. As a method, we will conduct a case study on the process by which the chief of academic affairs of a very small school plays a role and is involved in school management. In this example, we will take up the measures associated with the temporary closure to prevent the spread of COVID-19.

In the work of the chief of academic affairs related to dealing with temporary closure, as a "new bottom-up proposal work", dealing with children and families enrolled in special needs classes was mentioned as a characteristic example. The following two points have been clarified as the characteristics of the job execution process of the chief of academic affairs in this situation. First, I was performing my duties by taking advantage of the fact that I was also a classroom teacher. As a classroom teacher, I was able to make new bottom-up proposals by taking advantage of the fact that I am in a position to understand the actual situation of children and families and the information exchange between classroom teachers. Secondly, I was involved in school management by taking advantage of the perspective of the chief of academic affairs while maintaining the perspective of a classroom teacher. As a basis for this, it became clear that it is important for managers to manage according to the school scale and situation, and to create an environment in which bottom-up proposals by the chief of academic affairs are easily accepted.

シンポジウム

いま，「教育経営」とは何かを考える

いま，「経営（マネジメント）」は実践的にも学術的にも拡がりと重要性を増している。管理職だけでなく，すべての教職員にとってマネジメントは不可欠なものと捉えられている。こうした中，本学会は，「教育経営」という冠のもと，多様な立場からの参加が可能な間口の広い学会となっている。

しかしその一方で，「教育経営」へのこだわりが失われつつあるように思われる。「教育経営」が教育政策の実現と同義であるかのように認識されることに違和感を覚えない傾向が強まりつつある。また，前年度大会では「仮にこの学会がなくなって誰が困るのか」「自身が教育経営学をしなければならないという切実な問いは何か」という根本的な投げかけがあった。

このような問題意識から，本シンポジウムは，登壇者自身の「教育経営」の探究（研究，実践，教育）の歩みを足場にして，「教育経営」という視点や考え方とは何か，何をもって「教育経営」の探究と言えるのか，その面白さや固有性はどこにあるのかを問い直し，「教育経営」の“これまで”“いま”“これから”を探ろうとした。

教育経営の探求？
―学校の内発的改善力を志向した組織開発研究を通して―

鳴門教育大学　佐古秀一

はじめに：報告の目的と範囲

本シンポジウムでは，学校組織の特性を意識して進めてきた組織開発研究の経過と知見をもとに，教育経営に関する学校の実態に関する認識と教育経営研究のあり方に関する考察について報告を行う。なお，本報告は学校における教育経営という観点からの報告である。

1　組織開発研究の問題意識と基本的な方法論：教育の特性と組織開発

2000年代から，学校にいわゆる組織マネジメント導入などが積極的に提唱され，学校が組織として機能することが政策的にも強く推進されるようになった。しかし，われわれの組織開発研究では，学校組織マネジメント等で提唱された手法をそのまま用いることはしていない。

なぜならば，学校組織へのアプローチについては，教育という営為の特性という観点から留意すべき条件があると捉えたからである。一つは，教育活動の具体的展開には教師の自律性が不可避的に要請される点である。二つには，学校がそれぞれの学校の条件や子どもの実態に応じて，自らの教育課題等を明らかにして実践を展開し，それをさらに改善していくプロセス，つまり，内発的改善力をもつための組織化が学校には求められると捉えたことである。そのため，教師個々の具体の教育実践改善と学校組織における実態認識や目標の共有を接合する枠組みと方法，つまり教師の自律性と教職員の協働にこだわって，学校の組織化方法論の開発とその実践可能性を探究することにした。

2　組織開発研究の段階

(1)　基本モデルの開発と検証

学校の組織開発に関する研究は大きく２つの段階に分けることができる。一つは大学における開発段階（研究開発段階）であり，二つめは教育センター等との共同研究としての実践展開の段階（実践展開段階）である。

研究開発段階では，学校の組織化を進めていくための基本的な前提あるいはモデルの構築とその検証を行った。研究開発は，主に鳴門教育大学に入学してくる現職院生との共同研究として知見を蓄積した。

内発的改善力を高めるための組織化方法論に関する基本モデルとして，われわれが依拠した考え方は以下の通りである（佐古・中川 2005）。

学校のマネジメントサイクルについては，いわゆる一般的なマネジメントサイクルによる組織行動の統御という発想に基づかず，教育活動の改善の流れに沿って，組織行動の創出性と整序化を実現することを試みようとした。すなわち，子どもの姿から働きかけるべき課題を見出し，それに即した実践（働きかけ）を行い，その意味を次の子どもの実態（反応）で確認し，次の課題に移る，という流れである。これを子どもの実態⇒課題⇒実践⇒実態，という流れで定式化し，これに準拠して学校組織のコミュニケーションや意味の共有を促すことを方法論の基礎に置いた。換言すれば，教育活動改善過程を学校組織のマネジメントサイクルに援用したのである（ただし，Ｐ－Ｄ－Ｓの過程論との相応関係は想定可能である）。

⑵　実践展開のための方法論の定式化

研究開発段階から実践展開段階へ移行するに際して，学校で実践可能とするために，学校で実践すべき手順を定式化した。

主要なものとしては

①学校自らが実態，課題，実践方策を探求し設定するするための手順を整理し，それに基づいて学校をサポートしたこと（学校ビジョン作成・共有の手順化）

②一旦実践改善に移行した後，ビジョンに基づく教師の教育活動（実践）の具体とその結果（子どもの反応，変容など）を交流，共有するために，校内研修の運営方法について手順化したこと（実践交流型研修の手順化）

3　改善課題としての学校の組織状況：教育経営の実態の脆弱さ

組織開発研究として学校に関わる中で，学校が自らの児童生徒の実態に応じて課題を設定し，実践の改善に取り組むという姿とは異なる現状や，それが困難になっている状況に遭遇することがいくつかあった。

一つは，学校の課題は外から与えられるものだという意識，つまり課題所与性の意識である。

二つめは，教育委員会や研修で伝達された情報をもって自校の子どもの実態や課題に置き換えてしまう学校の姿である。つまり，自律性ではなく模倣や同調をもって対応しようとする学校の状況である。学校介入の初期段階では，この「ありきたり」で「特段のこだわりもない」実態や課題を，「自校」のそれへ切り替えてもらうための働きかけであったように思われる。学校における教育経営の内実は脆弱で形式的なものに止まっている可能性があると思われる。

4　組織開発研究の経験から教育経営研究について考える

筆者らの組織開発研究は，教育活動としてなすべき事項（コンテンツ）については言及しないものの，上記した内発的改善に結びつく手順については，鳴門教育大学で研究開発したモデルや手順（研究知）に基づき一定の構想をもって学校と関わっていたことは報告した通りである。したがって，この内発的改善力を実装するための手続き的知識を考慮すると，筆者のアプローチは明らかに研究者側が想定する望ましさに基づいて関わっていたといえる。教育経営の理念を想定しつつ研究を行う場合には，必然的にその研究知には現実に対する「規範性」を伴う。当然のことながら，そのような研究知を基礎として現実の学校と関わる場合には学校の現実との乖離が生じる。重要なことは，この乖離について，研究側と実践側が学校の実態をふまえながら相互に認識し合い了解し合うことであり，そこから学校を変革していく実際的な方法論を見出し共有していくことだと思われる。組織開発研究のパラダイムとして，対話型組織開発（中原・中村 2018）が提唱されているが，対話が求められるのはまずもって，研究知に基づいて学校にアプローチしようとする研究者と，さまざまな現実的条件の中で学校改善に取り組もうとする実践者であり，そのことを端緒として実践研究は着手されるべきであり，そして，研究者と実践者が成果を共有しあえる研究をすすめていくべきだろう。

［引用文献］

・中原淳・中村和彦『組織開発の探究―理論に学び，実践に活かす』ダイヤモンド社，2018年。

・佐古秀一・中川桂子「教育課題の生成と共有を支援する学校組織開発プログラムの構築とその効果に関する研究―小規模小学校を対象として―」『日本教育経営学会紀要』第47号，2005年，96-111頁。

・佐古秀一『管理職のための学校経営 R-PDCA』明治図書，2019年。

「教育経営」研究のフィールドと固有性・有効性

名古屋大学　南部初世

はじめに―「教育経営」に関わる探究（研究，実践，教育）の歩み―

父親の仕事の関係で転校を繰り返し，学校ごとに「雰囲気」が大きく異なることを感じており，また，体罰やいじめ，校則による管理等の学校病理現象を経験したことから，学校の「息苦しさ」の背後にあるものに関心を抱くようになった。大学では，教育行政学を専攻し，卒論では，「生徒心得」問題を手がかりに，学校における児童・生徒の一般人権・学習権保障の方途を探ったが，その過程で高野桂一の『生徒規範の研究―生徒規則の法社会学的見方・考え方』（ぎょうせい，1987年）と出会い，教育経営学という学問領域に傾倒していくことになった。大学院では，児童・生徒の参加が全州で保障されている当時の西ドイツを研究対象として選び，学校管理運営理論及び制度を研究してきたが，ドイツという国を通して，学校と教育行政機関を取り巻く政策，制度，理論の問題を，時代の流れを追って分析してきたと言える。そこでは「学校の自律性」改革と「学校開発」理論（学校における組織開発），NPM型行政改革といった日本と共通するトピックスが多数存在していたからである。

こうした個人研究テーマの他，日本における学校教育を規定している社会システム総体に関する組織・機能・過程について，行政学，政治学の手法も活用しつつ，教育経営・行政メカニズムの解明を模索してきた。また，教育経営学領域着任後は，学校経営コンサルテーションとフィールドワークを実施してきた。フィールドワークでは，教育経営学演習及び実習として，毎年学生と共に，北海道・宗谷地区で地域教育経営に関わる調査を実施している。

1　本報告における「教育経営」概念

本学会の名称となっている「教育経営」は，「概念の定義が論者により多様で，コンセンサスが得られていない状況」と言われ，企画趣旨にあるように

「多様な立場からの参加が可能な，間口の広い学会」としてこの概念の多様な使用もありうる。しかし，その有効性への疑念と，「教育行政」概念把握の弱さという課題を有しており，また，1990年代以降教育を取り巻く環境が激変し，研究対象の変化に伴って研究課題や方法もその重点を移してきていることを踏まえれば，あらためて「教育経営」概念について考えてみることには意義がある。概念検討が度々行われた1980年代末までと今日とでは，教育経営をめぐる環境も大きく異なっており，父母・地域住民の教育意思形成の制度的「装置」の設定，教育領域への経営的視点の導入，教育及び教育行政の「信頼性」と「専門性」の揺らぎを我々は経験してきた。これを考慮に入れつつ，①類似概念との関連性と独自性が明示され，主体と作用が明確化され，②これにより「教育経営」事象の効果的な分析が可能となる＝有効性を提示できるものとして「教育経営」概念を規定するならば，教育をめぐる社会システム相互の関連性をよりトータルに把握できる概念として捉えることが重要である。具体的には，学校及び教育行政機関が共に社会の変化に柔軟に対応し発展していくための学術的根拠を提供できるフィールドを設定する概念と考える。

2　「学校経営」と「教育行政」の関係性認識と「教育経営」研究のフィールド

本学会は，地方教育行政の組織及び運営に関する法律による「教育行政と学校管理運営の秩序への危機感」から創設され，「学校に対する行政の監督，統制の強化に対して教育経営という視野を持ち込むことによって，それにふさわしい学校経営の在り方を学問的に研究」し，「そうした学校経営にふさわしい教育行政の在り方を特に指導行政という観点から解明」する意図があったとされている（小島弘道「戦後教育と教育経営」『日本教育経営学会紀要』第38号，1996年）。こうした「教育行政」と「学校経営」のあり方について，吉本二郎は，学会創立25周年記念講座第１巻『現代日本の教育課題と教育経営』において，教育行政による条件整備は「学校経営にとっては所与の条件とされ，学校経営はそれらの一般的枠組みのなかで経営行為を行うことになる。したがって，学校経営の本領は，所与の条件に従いながら，特定の学校を効果的に経営することにあり，いわば教育行政の終わる点から学校経営は始動する」と記している。吉本の「単位学校経営論」に対し，堀内孜は「制度的な学校経営の自律性確立が展望できない状況における『閉ざされた主体性』」（「学校経営の自律性確立課題と公教育経営学」『日本教育経営学会紀要』第51号，2009年）と指摘するが，時代性を考慮すれば，単位学校経営論を提唱することにより，学校を守ろうとしていたとの理解も可能ではないか。すなわち，当時の教育行政の管理的なあり方を批判することよりも，毎日子どもたちが学校に通ってくるという「現実」を優先させ，その範囲で可能な限りの自律性を主張しようとしたのではないだろうか。我々の学問研究の先には，こうした厳然たる「現実」が存在しているのである。

とは言え，このように「教育行政」と「学校経営」を捉えることにより，研究の視点が内部に向けられ，「他律性」を問う視点が弱体化し，学校の主体性や自律性の必要性を謳いつつ，教育行政の管理的なあり方に「対応する」つまり「適応する」論が形成されてきたのも事実である。

2000年代に入り，遅ればせながら我が国においても「学校の自律性」改革に着手され，2010年代半ば以降，「社会総掛かりでの教育」の実現の名の下に多面的教育改革が進められてきている。こうした状況に対し，個々の改革トピックスについては研究成果が蓄積されてきたが，果たして学校の内部組織と外部関係は，理論的・実践的に整理されてきたと言えるだろうか。いわゆる「教育ガバナンス改革」について，その政策上の意図や統計等は広く紹介され，また人目を引く事例について，当事者からのものも含め，様々に情報発信されてきたが，これらが実際に，教育経営現実にいかなる変化をもたらしてきたのかについて，明らかにされてきたのか。既述の我々の学問研究の先に存在する「現実」を，我々は十分認識できているのか。また，個々のトピックスに関わる成果は数多く産出されているものの，「知見」は深められてきたのか。

こうしたことを議論するには，我々の間で「共通言語」と「手法」が必要であるが，それらは存在しているのか。既述のように筆者は「教育経営」をフィールド概念と捉え，その中核に「学校経営」が位置すると考えているが，矢継ぎ早に導入されてきた諸改革は，そもそも学校経営実態を十分に踏まえたものだったのか。さらに言えば，我々はそのための学術的根拠をこれまで提供してきたのか。自らの研究に対する反省も含め，様々な疑問が生じてくる。

3　「教育経営」研究の固有性と有効性

では，教育をめぐる社会システムの相互の関連性とプロセスに着目しつつ，よりトータルに把握できる「教育経営」概念を積極的に使用するメリットは何だろうか。学校，保護者・地域住民，教育行政機関はもとより，今日では，心理や福祉の領域における関連機関等も含めたアクター間のダイナミックな関わりの分析や，①教育政策立案・立法化される政治過程，②その選択・修正と実施・執行される行政過程，③個々の学校における具体化のための経営過程及び教員による教育過程を連続的に捉え，総合的に分析することができることではないだろうか。また，このようにトータルに理解して学術上の知見を導き，それによって教育政策形成に一定のインパクトを与えることが可能となるよう，学会としての知を探究していくこともまた，重要である。

我々の学会において，これまで度々，学校経営研究の「科学性」と「実践性」について批判的検討が行われてきた。たとえば西穰司による「研究者の側で予め設定している概念枠組みないし範型に押し込めるようにして」記述し，「論拠に基づく冷静な納得を導く論理的説明ではなく，研究者の側の主観的解釈を交えた説得に陥ることが少なくなかった」との指摘（「まずは『学術性』の共通認識の確立を一コメンテイターとしての所見一」『日本教育経営学会紀要』第34号，1992年），研究課題の立て方に関わって「トータルな現実の，関心のある側面を断片的に切りとっていたり，現実のフォーマルな部分をとりあげて分析している」との油布佐和子の批判（「事実の客観的認識ということについて一教育社会学からみた学校経営学の問題一」『学校経営研究』第19巻，1994年）等であり，こうした研究手法上の困難さは，学校の組織特性とも密接に関わっている。また，西の「対象そのものを精細かつ的確に記述するという前提的作業をおざなりにし」，「科学的に解明しようとするあまり，一般的，抽象的記述に陥り，リアリティが著しく欠落している」（「学校経営研究におけるリアリティをめぐる現状と課題」『学校経営研究』第12巻，1987年），葉養正明の学校経営研究者の「われわれがもっともよく『学校』という場を知っているという奢り」（「学校という生活世界をどうとらえるか一学校経営研究における『自明性』への懐疑，再び『学校』とはなにか一」『学校経営研究』第19巻）等の問題提起に，2000-03年研究推進委員会「学校経営研究における臨床的アプローチの構築」は応えようとするものであり，そこには様々な示唆が含まれていた。しかし，その後教育を取り巻く環境は大きく変化してきたことから，かつての知見を今の状況に適合するようさらに深めていくことが必要であろう。

そこに「教育経営」研究の固有性と有効性が存在しているのではないか。フィールドワークやアクションリサーチといった手法を用いた実践研究にである。

「生きた」素材を対象とし，相互に関わりを持ち研究を遂行する魅力，調査対象者の活動の質的向上に学術的に貢献できる可能性があるという魅力が存在している。もちろん実践との関わりは，研究者が対象に調査を依頼するケース／教育委員会の求めにより調査対象に関与する（調査／助言）ケース／調査対象が研究者に関与を依頼するケース等が存在しており，相手との関係性や関与形態により得られる知見についても質的差異が存在している。また，フィールドワークやアクションリサーチが思わぬ副反応を生む危険性も存在することから，こうした関わりへの消極的な声を聞かないでもない。しかしながら，研究者のみならず実践家にも有益な知見を提供できる可能性を秘めており，実際に学校が変化していく瞬間に立ち会えるかもしれない。トータルにプロセスを把握するからこそ，単なる技術論ではない学校開発が可能になると考えられる。

学校評価研究から学校組織発達研究へ
―ささやかな研究私史を振り返って設題を考える―

名城大学* 木岡 一明
＊は発表当時

はじめに

わたしは，４年次で教育学専攻へ転籍した。堀内孜指導教官からわたしに与えられた卒論テーマは，心理学専攻のキャリアを考慮していただいたためか（当時，三隅ＰＭ理論全盛期），「校長のリーダーシップ」であった。そこで，母校に調査依頼をしたところ，「学生の分際で校長先生を研究するとは生意気」と拒否された。そのため，「学校評価」にテーマ変更を勧められ，直筆原稿（後に「第９章　学校評価と学力問題」高野桂一ほか『学校経営（講座・日本の学力）』第15巻，日本標準，1979年として刊行）を授けられた。その原稿を詰まらずに読めるよう「清書」しながら，高野桂一先生の「学校経営の科学」論を何冊も読み漁った。当時のわたしには根深く学校・教職員批判があったが，高野論を拝読する中でその批判を転じて着目したのは，参加論をもとに学習意思（学習者による評価）に基づく学校づくりのツールとして「学校評価」を構想するという点であった。

大学院入学後，様々な場や機会に，教育や学校をもっとよくしようと考えておられる人たちに出会い，中には命を賭してまで学校と地域の再生に奮闘する方がおられたことを身近に実感することもあった。そうした経験を経る中で，いつしか実践を突き放した批判ではなく，実践を対照できる批判を構成し，人々に使ってもらえる研究でありたいと考えるようになっていった。

1　学校評価（遺物）研究から学校組織開発（生もの）研究へ

わたしは，修士論文では，結果的に戦前の学校調査や教育測定運動などの流れを序幕に戦後昭和20年代中盤までの時期に絞らざるを得なかった。そこで，修論提出後も引き続き通史探究のため，各地の教育センター・研究所，継続的に取り組んでおられた学校を訪問して倉庫などで史資料を漁り，関わられた方々から話を伺った。それはそれで宝探しのような愉しさや面白さもあった。

しかし，日本において「学校評価」が単なるアンケートや協議で終わってしまっているのは，組織基盤の問題だと考えるようになった。そのことに気づかせていただいたのは，佐古秀一（1992）「学校評価とその組織的前提条件一学校の自己診断力の限界とその改善のために」（『学校経営』2月号，32-37頁）であった。そして，過去の実践に埋もれた「学校評価」から，今日の実践を躍動させる「学校組織開発のための学校評価」へと視点をシフトしていった。

「学校組織開発」とは，人によって捉え方は様々だが，わたしは，「関わってく（れ）る人々を巻き込みながら（共鳴・共感・共汗と共同；involvement & collaboration），そうした人々と新しい教育（教材であれ，授業であれ，カリキュラムであれ，学習の場であれ，そして教え学ぶ関係であれ）を創っていこう（創造・創像・想像；creation）。しかし，それは一気には創れない。これまでのありようを振り返りつつ，試行錯誤しながらでも知恵を集め考えをめぐらして進めよう（考究・省察；reflection）。そのためには，それぞれの世界に閉じこもらずに，まわりの人々と批判的友人として本音で交流し，情報の交換を通じて交歓や交感を重ねよう（開放・解放；open mind），あせらずに，じっくりと，しだいに確かなものをというコンセプトのもとで進められる学校づくり」であると考え，その学校づくりを促す自己流のワークショップを重ねてきた。

2 「学校組織マネジメント研修」の設計と実施

文部科学省は，マネジメント研修カリキュラム等開発会議を設置（2002年）した。そこでの議論の成り行きで，牧昌見座長の指名のもと，わたしと浅野良一さんが「研修テキスト」の作成を担うことになった。当時，国立教育政策研究所員であったわたしからすれば，牧次長からの「職務命令」でもあった。

そもそも「組織マネジメント」自体，未成熟な概念であり，まして「研修テキスト」の範型はなかった。担当官たちに，学会で公認されていない「組織マネジメント」を冠することの是非を質したものの，「新しい考え方，研修を強調する意味で『組織マネジメント』研修を」と要請された。そのため，浅野さんが三重県の学校管理職研修などで使っておられた「研修テキスト」を下敷きに，わたしが各地の研修で使っていた資料や手法を織り込む形で綴じ込んでいった。

その際，わたしは，学校にも通用しうるものでNPMを無批判に入れ込ませないこと，学校を「組織」にしていくことに主眼を置く姿勢で臨んだ。

3　コンサルティングの展開

わたしがコンサルティングの際に「仮定」しているのは，「教職員は相互に自己を肯定的に主張し，その衝突を通じて自己の『不完全さ』に向き合い，発達への意志と希望に基づいて自己の再構成へと動き，また新たな自己の発見，主張，再構成というサイクルを繰り返していく。その過程を支えているのは，集団や個人が衝突しあう関係（同僚性＝批判的友人関係）であり，その衝突から自己省察（リフレクション）を引き出す専門職的自覚であり，さらに発達していこうとする意志である。その意志が基軸となって改革の渦を巻き起こし，その渦の中へと共鳴・共感した人々を巻き込み，一緒に新たな事態を創る動きを生み出していく。その過程において人々の知恵が集まり，考えがめぐり，事態に対する理解や認識が組織として深まっていく。そして，具体的な見直しの方策や活動が展開し，さらに大きな改革の渦へと発展していく。」である。

だから，教職員間のコミュニケーション関係を耕すべく教科・学年横断的な協議の場を設け発言の偏りを制すべく付箋紙を用いて，「個々が納得できる教育目標設定」→「授業ビジョンづくり」→「授業参観シートづくり」→授業検討会→「授業評価」をコアにした「学校評価」という流れを創ってきた。

4　学校組織発達研究へ

学校は卒業・入学によって，とくに公立学校は人事異動もあり，毎年，大きな組織変動に見舞われる。どんなシステムが変動に耐え，組織基盤を安定させるのか？それを探るために，同一学校への観察と介入を続けてきたが，校長の異動というハードルを越える難しさを痛感してもきた。また，ビジネス界の影響から「ミドル・アップダウン・マネジメント」をわたしも推奨してきたが，疲弊，枯渇していくミドルたちを多く生み出すことになったのは反省される。

学校を長期に観察していると，教職員のキャリア発達と学校の組織化ポテンシャルの増大は相関しているように見える。この知見は，環境との相互作用を通じた個々の発達が組織への発達を促すという仮説を想起させる。そもそもOrganizational Developmentは組織開発とも組織発達とも訳せる。両者は外在的視点と内在的視点の相違だと考えられ，発達過程分析を通じた学校の組織(化)原理の解明は重要であり，水平的・分散型リーダーシップに着目している。

5　与えられた設題への研究私史を振り返っての応答

①「教育経営」という視点や考え方；学校・教職員が「教育経営」の思考様式・ツールをいかに受容・解釈し，それによっていかなる組織改善・組織改革を果たしていくのか？（そこに見られる内発性や自律性，創造性の質）。そして，この過程を効果的（児童生徒のウェルビーイングの拡張）に促進するには，誰に，どの組織単位に，どうすればいいか？（動態性，偶発性，信頼性，リスク感度の程度）。ただし，ここには，学校経営研究と教育行政研究の分岐点ないし交接点がある。専ら前者は校内努力で果たしうるのかを問い，後者は外部（教育委員会や地域，アドバイザー等）からの支援や施策が必要なのかと問う。

②「教育経営」の探究；研究上のアクターの行為が，権力的なのか，漸進的で調整的なのかを視点とし，後者の機能抽出が「教育経営」探究だと思う。その探究を通じて，子どもの学びとケアの，貧しい現実に対する憤懣を起源とする教育システム改革を志向している，少なくともわたしは。行政にものが言えるマネジメントが必要だし，組織実態を把捉した条件整備行政が必要である。前者の探究が教育経営学の課題，後者の探究が教育行政学の課題であり，それらは峻別して論ずべきである。さもないと，不作為の責任の押し付け合いになる。双方の当事者意識の空洞化は，責任の押し付け合いと表裏一体である。ただし，教育制度，教育行政と学校経営の三つの研究アリーナを俯瞰する研究視座の位置は重要であり，その位置は研究者の依って立つ問題意識で決まる。

③面白さや固有性；面白さは，管理職や教職員，そして児童生徒，保護者，地域住民との密なコンタクトによって，笑顔が広がっていく心地よさと達成感を得られることにあり，公教育システム経営全体を俯瞰した上での着手ポイントが発見できることにある。固有性は，学校と「地域」の全体に対し視点が伸縮自在（授業から学校全体へ，１校から他校・地域へ）であることである。

④今日的な意義；子どもの学びとケアの実態から照射する授業，学年，学校，教育委員会，地域の拡散的状況への警鐘と是正・改善を進め，ＧＰを全国に拡張していきうることにある。ただし，「教育経営実践」の可視化が必要である。

＊

とても書き尽くせているとは思えないが，紙幅の限界のみならず，自己認識の限界もあり，今後もことあるごとに考えていきたい。

総　括

広島大学　曽余田浩史
東京学芸大学　末松裕基

いま，「教育経営」は実践的にも学術的にも拡がりと重要性を増している。しかし，「経営」や「マネジメント」は次第に政策や行政意思の遂行と同じものと捉えられ始めているのではないか。「仮にこの学会がなくなって誰が困るのか」という問いかけは，「本学会で追究してきた『教育経営』は本当に求められているのか。実はあまり関心を持たれていないのではないか。」という意味が込められていた。

そもそも本学会は，文部省対日教組の対立図式の中，1958年に創設された。学会発起人の一人であった高野桂一は「教育経営という用語が台頭したもともとのいきさつには教育活動の条件整備を，よりいっそう教育のリアルな現実態（場面）に密着させてとらえ，よりいっそう教育の本質にそくして行うという意図や動機があった。学校をはじめとする教育現場こそが教育経営の本源的な機能発生の場なのであり，教育行政の行う経営が第一義とされてはならないという意味においてである。」（「教育経営概念の検討」『日本教育経営学会紀要』第25号，1983年）と述べている。その後，教育経営（学）は，学校経営の現代化，研究と実践の関係性の再考（臨床的アプローチ），自律的学校経営の構築，諸々の社会変化や教育改革などを経て，“いま”に至っている。

シンポジウムは，３名の登壇者自身の「教育経営」の探究の歩み（想いやこだわり）についての語りから出発した。その後の質疑応答では，校長の力量やリーダーシップをめぐる捉え方についてフロアと登壇者とのやりとりがあった後，学会の創生期を知る会員から発言が相次いだ。議論の内容を整理すると，大きく次の３点にまとめることができる。

①　「教育経営」概念を吟味する視点について

まず教育経営論の図書を見てみると，人によって視点がずいぶん異なる。教育行政の観点から見て，最後に残っていく機能としての学校経営というイメージで書かれたもの。これに対し，（生涯学習社会形成の観点から）学校内だけでなくそれを超えたマクロなところで教育経営論が語られているもの。教育経営というものを公教育経営として捉えてその全体像を明らかにしているもの。「教育経営」というものを考えていく場合に，「教育経営とは何か」を考えるのではなく，「教育経営」になぜこだわるのか，時代的・歴史的・社会的な状況の中でいろいろな問題や課題が生まれてくるが，それに対してどう考えるのか・向き合うのかから考えることが大事である。教育経営学会を立ち上げた中心メンバーの一人である細谷俊夫氏（初代会長）は昭和20年代に「経営」というのは主観的方面（教育的理想の実現）だと論じ，客観的方面である「学校管理」に「経営」が潰されてしまうという危機感が本学会設立の一つの大きな動機になっていたとの意見があった。

また，カタカナ言葉が現場を振り回し萎縮させているという問題意識から，歴史的・社会的な中で「教育経営」を考え，その定義を明確にすることが大事だという意見が出された。高野桂一氏の場合，当時の政治や行政から学校・教員が翻弄され，それから子どもや教育を守っていくという意識のもと，その歴史的・社会的な環境の中で教育組織体がある教育の目的を持ったうえでそれを実現していくための条件整備活動と捉え，主体と目的と対象と方法と行為を明確に定義しているとの指摘があった。

②　登壇者に共通する方向性について

3名の登壇者に共通する探究の方向性は，学校の教育の改善や子どもの教育改善というものをよりよいものにしていく，そこに力点を置いて，個人の問題（一人の校長の力量など）への還元ではなく，様々な組織やシステムのあり方を考えていることである。そこには，実践志向が自ずと見込まれた議論が展開されている。そして，学校という組織は，形式や「遺物」ではなく，経営主体の内発性や省察性を重視して「生もの」と捉えられている。

こうした共通する探究の方向性は，歴史的・社会的環境に影響されている。学校に自律性が要求される中，教育経営の内的基盤の曖昧さ・脆弱性や「飼い慣らされた主体性（他律的な主体化）」に，教育経営の“いま”の課題を見いだしている。そして，「課題や解決策は外（行政や研究者など）から与えられるもの」という意識を乗り越え，自らが教育経営の主体として教育課題を探求し教育改善を進めていくことのできる方法論（個人から組織へと省察的行為を広げる仕組みなど），および，それが駆動していくための条件を探究している。

③　“これから”の教育経営（学）はどうあるべきかについて

“これから”の教育経営（学）はどうあるべきか。それとあわせて，「教育経営」と言いながら経済学的な分析や財政学的な分析が非常に希薄だという市川昭午氏の批判にきちんと答えるべきではないかという問題提起があった。「経営というのは経済的に営む」という市川氏の捉え方からすると，日本の学校には人事権も予算編成権もなく，「学校経営なんて日本にあるのか」になる。「経営」という言葉にこだわるならば，これからしっかりと研究し，教育経営学の教科書にもきちんと書かれていくべきだし，教職大学院の研究の中でもなされるべきではないか，と。

これに対し，登壇者たちからは，前述した共通する方向性を踏まえ，次のような回答があった。

第一に，ミクロなアプローチ（学校組織開発など）に，社会的な様々な諸条件の中で考えるマクロなアプローチ（経済的・財政的な分析など）をつないでいく方向性がこれから出てくる。その際，子どもの教育や実践にどう結実するのかというリアルな具体性のある知見が集まるかどうか，マクロなアプローチをどのようなものと考えるか（ミクロからマクロへ広げるイメージか，マクロからミクロへの上からのイメージか，等）が課題である。また，マネジメントの「チーム」に事務職員が加わることによって財政学的なアプローチが可能になるし広がってくるとの主張もあった。

第二に，あらためて実践研究が大事となる。実践研究をめぐっては，「ここが足りない，問題だ」という批判点や課題について多くのレビューがなされてきたが，我々が実際に実践研究を創っていく作業に着手することが重要である。

第三に，日本教育経営学会について，ディシプリンベースで創られた学会ではなく，集合概念として出来上がった経緯があり，教育機能・組織（構造）・経営機能という三つの軸に関心のある人が集うことができればよいと考える。

本シンポジウムを契機に，「教育経営」をめぐる自身の想いを語り合うさらなる対話が生まれることを期待したい。

Reconsidering Our Commitment to Educational Administration and Management

Hirofumi SOYODA (Hiroshima University)
Hiroki SUEMATSU (Tokyo Gakugei University)

The objective of this symposium was to reevaluate our commitment to the perspective and concept of educational administration and management.

Recently, educational administration and management has garnered widespread attention in both practical and academic terms. Management is regarded as essential not only for school administrators but also for all teaching staff. Researchers in other fields are also beginning to allude to school management. The Japanese Association for the Study of Educational Administration has been attracting people from diverse backgrounds in this regard. However, it seems that we are losing sight of our initial commitment to educational administration and management, which considers the real educational scene as the primary concern. There is a growing tendency that considers it synonymous to the implementation of policies and administrative intentions.

With the awareness about these issues in mind, the three speakers expressed their commitment to the perspective and concept of educational administration and management by reflecting on their own research histories.

Exploring Educational Management: Through Organizational Development Research Oriented to Organizational Ability with Self-Governing Improvement

Hidekazu SAKO (Naruto University of Education)

The Field of "Educational Administration" Research: Identity and Validity

Hatsuyo NAMBU (Nagoya University)

From School Evaluation Research to School Organizational Development Research: Reflecting on My Own Research History

Kazuaki KIOKA (Meijo University)

The three main issues discussed were as follows. The first was how the concept of educational administration and management was examined. Second issue discussed was the direction shared by the three speakers. And third was the future of administration and management.

若手研究者のための研究フォーラム

若手研究者が考える教育経営学への期待と問い
―教育経営学の知的蓄積をどう継承し，いかに刷新していくか(2)―

若手研究者のための研究フォーラム（前身「若手研究者のためのラウンドテーブル」）は，これまで，近年の本学会や他学会の動向を視野に入れつつ，若手研究者を取り巻く研究環境に関する検討や，若手から見た教育経営学における新たな研究課題および方法の探索などを重ねてきた。第４期となる今期（2019年～2021年）は，こうした蓄積を踏まえ，また，その発展を期して，若手研究者が教育経営学の知的蓄積をどう継承し，いかに刷新していくかをテーマに，探究を進めている。今期も引き続き，大会の議論の軸は次の２点とした。

第一に，従来の知的蓄積といかに対話・格闘する／してきたかを題材に，教育経営学の課題と展望について検討することである。若手研究者のなかで教育経営学を語るための「共通言語」が乏しくなりつつあること等の課題を念頭に，知的蓄積との接続・刷新に向けた論点や課題の抽出・共有を目指したい。

第二に，若手研究者のなかの〈教育経営学〉像，すなわち自身の関わり方をも含めた教育経営学への意識の持ち方について意見交換することである。学会において若手研究者が集うことの意味・意義を踏まえ，教育経営学の課題や魅力について再発見する場としていきたい。

以上を通じて，若手研究者から教育経営学への期待と問いを発信し，学会の未来を見据えながら，先行世代との対話につなげていくことを目指す。今年度は，雪丸武彦会員（西南学院大学），藤村祐子会員（滋賀大学）の２名に話題提供をお願いした。

教育経営学は学習者を幸せにするのか？

西南学院大学　雪　丸　武　彦

筆者はこれまで就学に関する法理や法制に関心をもち，単なる条件整備面での機会均等にとどまらない学習権保障の実現がどうすればなされるのかを考えてきた。その筆者にとって教育経営学は，学習権保障のための教育（教育者―学習者により成立する行為）のありようを考えられる創造的，魅力的な学問であると捉えてきた。しかし，近年教育経営学の魅力が感じられにくくなった。今回の報告では，自らの引っ掛かりがどこにあり，またその解消のために何が必要かを示し，若手研究者と共有，検討することをねらいとした。

この引っ掛かりを示すために依拠したのは吉本二郎の論である。吉本は学校経営の研究と実践にあたり，それが教育目的達成の「手段であること」と「その目的達成を効率化すること」が「常に基底に据えられていなければならない」と述べる（吉本 1977：１頁）。この指摘は，教育経営学には目的達成のための「手段の知」と，目的達成に近づけていく「効率化の知」があることを示す。教育経営研究は，手段のバラエティの増加と，それら手段による学習者の行動，思考の変容という成果の検証により広がることになる。

この知の関係を踏まえて教育経営学の蓄積を見ると，主には前者の知に重きを置き，多様な教育経営の単位を対象とし，多様な視角，方法を採用することで学問を拓いてきたと考えられる。一方，後者の知に関しては，臼井が述べるように「教育経営の結果としてどんな教育成果を得たのかを，児童生徒の変化と結びつけて説明してこなかった」（臼井 2018：78頁）という問題があった。ここ10年の蓄積を見ても学習者を枠組みに入れた研究は限られている（雪丸 2021）。これは教育経営学が学習者の変化の有無を措いた学問となっており，手段の知を積み重ねた教育者側の実践の学問であったことを意味する。

学習者にとっての価値を説明できない手段の知は，「何のための知なのか」という問いに答えにくく，それ自体を省みることが難しい。この省みることの難しさは，教育経営研究が政策の「経営管理主義の理性による主体化」（水本 2018：３頁）に加担する問題の起こる現在，より深刻に捉えられなければならない。政策に取り込まれた手段の知が教育者や学習者に負の影響をもたらすときも，導入の仕方や実践の仕方の問題に矮小化されかねないからである。手段の知を振り返る立脚点が必要となっている。

上記の点を踏まえ，筆者は報告において，学習者側に焦点を当て，「手段たる経営はどのような成果を上げるのか」という問いによって導かれる知の産出をより重視する必要性を提起した。これは学習者の姿から手段としての経営を分析し，教育経営学の概念を学習者の姿で説明し直し，また新たな概念を作り出すということである。これに関連し指摘したのは，校則の多くを廃止した学校やＩＣＴを活用した学校のように伝統的な教育像，学校像とは異なるような学びやすさを体現した学びの場に対するフォローの必要性である。法制の大きな変化がなくともこれらが実現しているのはまさしく経営の力によるものである。その経営の力の学問的探究は有益な知を教育経営学にもたらすだろう。

報告の最後に取り上げたのは佐藤全の「新しい教育経営の概念の試論的定義」(教育経営とは，学習が「有効に遂行されるようにするための条件を案出し，その条件を有機的に作用させること」）である（佐藤 1996：84頁)。上述の必要性は25年前に既に認識されており，宿題として残されたものである。これに取り組むとき「教育経営学は学習者を幸せにする」ということが可能となり，そのとき「この学会がなくて誰が困るのか」という問いはなくなるであろう。

[引用文献一覧]

・佐藤全「教育経営研究の現状と課題―社会科学として知識体系を再整理するための議論の誘発をめざして―」『日本教育経営学会紀要』第38号，1996年，76-85頁。

・臼井智美「第７章　学校における児童生徒の多様性と教育経営研究」日本教育経営学会編『(講座 現代の教育経営４）教育経営における研究と実践』学文社，2018年，78-91頁。

・水本徳明「『教育行政の終わる点から学校経営は始動する』か？―経営管理主義の理性による主体化と教育経営研究―」『日本教育経営学会紀要』第60号，2018年，２-15頁。

・雪丸武彦「子どもを枠組みに入れた教育経営研究の動向」『日本教育経営学会紀要』第63号，2021年，206-215頁。

・吉本二郎「学校生活の再設計―教育課程審議会の答申と学校経営―」『学校経営研究』第２号，1977年，１-９頁。

教育経営学への問い
―学問の有用性とどう向き合うか―

滋賀大学　藤 村 祐 子

本報告では，「学問（研究）の有用性」に対する社会的ニーズが高まる中で，教育経営研究がそれにどう向き合うことができるのかをテーマに話題提供を行った。

1　教育経営研究が有用性とどう向き合ってきたのか

これまで，教育経営研究は「実践の学」として捉えられ，教育経営学における「実践」とは何かが検討されてきた（元兼 2018)。「『研究と実践』の関係の『雪解け』の起点の一つ」とされるのが第37回大会（1997）での課題研究である。「教育経営の社会的基盤の変容と研究の有用性」がテーマとして設定され，学術性と実践性について，政策形成や行政運営との関わりと学校経営や教育活動の具体的運営との関わり，の２つの方向性から検討された。そこでは，エスノグラフィーなどの新しい研究方法の可能性と課題が検討された。

2000～2002年の課題研究Ⅱ「学校経営研究における臨床的アプローチの構築」では，学校経営の実践にとって“役に立つ”研究のあり方を考え，そのための研究方法論として，「臨床的アプローチ」が提案された。さらに，2006年には，実践推進委員会が新たに設置され，「科学」の非中立性や政治性を自覚し，実践（フィールド）と研究（観察者）のありようや関係性を組み替え，「有用性（実践性）」と「学術性」の両立が目指されてきた（浜田 2009)。

一方で，教育経営研究が向かうべき実践の議論に偏りがあったことも指摘されている（元兼 2018)。教育経営研究の対象領域は，学校経営，地域教育経営，高等教育経営，生涯学習経営，教育課程経営，教師教育，学年・学級経営が示されている（教育経営ハンドブック 2018)。これらの領域の広さを見ると，「実践」が学校経営領域に焦点化されすぎていたという指摘にも納得できる。また，これまでの若手ラウンドテーブルにおいても，学校経営主体としての教育専門職のみならず，地域住民，保護者らに注目し，学校経営を単位学校の内部経営の諸過程に限定せず，地域教育経営の発展の中で捉える議論の必要性が提案された。このように，学校経営領域以外の領域での実践性の追究も重要である。

2　学問の有用性とどう向き合うか

学問の有用性とどう向き合うのかについて，報告者自身の研究領域である教師教育の政策研究における有用性を検討した。篠原（2017）が，教育政策の難しさ（法など規範の実現過程）を考えることが教育経営学にコミットする理由であると述べているように，政策と実践をつなぐ視点を持つことが，自身の研究の有用性を追究することだと考える。そこで，政策が無益化されていくのはなぜか？という視点から，政策の実現過程の3つのステージにおいて，課題を指摘した。①政策の策定：教員が「授業をする場」の具体的な想定が不十分，特に中等教員の（教科の）専門性がブラックボックス化されているのではないか，②政策の伝達：政策の意図を理解する「空間」の必要性が見落とされているのではないか，③政策の実施：教員は実際にどう感じて，どう運用しているのか，影響や効果の分析が不十分ではないか。

そして最後に，これらの課題を解決するために，他の学問領域との連携を提案した。研究目的の達成のために自分でできることとできないことの限界を把握する必要がある。「教育現場」から，研究者の学問領域という境界・独自性はほとんど問題にならない（名越 2013）と指摘されているように，これまでの学問領域の枠を取り払い，他領域との連携が一層求められる。また，研究成果の社会への還元のあり方も模索する必要がある。研究論文発表や教育活動以外での場での還元の方策や，研究者コミュニティの中だけでしか通用しない言葉ではなく，「分かりやすい言葉」の使用も必要である。それが，「教育学」の正統性の担保にもつながっていくのではないだろうか。

［参考文献］

・織田泰幸「教育経営学における理論研究の意義―概念の俗流化／改革モデルの形式化への抵抗―」『日本教育経営学会紀要』第61号，2019年，104-105頁。
・篠原岳司・織田泰幸「議論のまとめ」『日本教育経営学会紀要』第59号，2017年，94頁。
・高木英明「学問の意義と大学の役割―金子勉の大学研究に学ぶ―」『教育行財政研究』第39巻，2012年，29-31頁。

・名越清家『共創社会の教師と教育実践—「教師と教育実践」論への教育社会学的視座—』学文社，2013年。
・日本教育経営学会編『(講座 現代の教育経営５）教育経営ハンドブック』学文社，2018年。
・浜田博文「『臨床的アプローチ』の成果と課題—研究知の算出を中心に—」『日本教育経営学会紀要』第51号，2009年，108-110頁。
・元兼正浩「第１章　教育経営学における実践と研究の関係」日本教育経営学会編『(講座 現代の教育経営４）教育経営における研究と実践』学文社，2018年。

議論のまとめ

大分大学 山本 遼
長崎大学 榎 景子

報告を受けて，次の３点について参加者と議論が交わされた。

第一に，教育経営学における学習者の問題についてである。参加者から，雪丸会員の提案した「学習者の姿を通じて，学習者の何ができなくなっているのかを慎重に拾い上げていくこと」「学習者の姿から手段としての経営の知を再構成すること」の見通しについて質問があった。雪丸会員からは，教員や教育委員会等に「聞いて回ること」が必要との応答があった。また，「学習者が脇に置かれてきたことの必然性があるのではないか」との質問には，雪丸会員からは「研究の枠組み・設計の問題」ではないかとの応答があった。

第二に，教育経営学と近接他領域との連携をどう見通すかについてである。藤村会員からは連携にあたり，「他領域の話を聞くこと」「他領域前提とすることを踏まえて，自分たちの学問領域を考え直すこと」の２点が挙げられた。

第三に，教育経営学が対象とする領域（裾野）の狭まりについてである。その要因について，雪丸会員からは「教育経営に関心があるのか，学校に関心があるのか，この違いから生まれてきたのではないか」と意見が述べられた。また，参加者からは「専門学会が増えたから」という意見も出た。一方，領域が狭くなっているという捉え方自体に対して，「領域が狭まっているのではなく，自分たちで狭めているのではないか」「自分たち（若手研究者）は，どのような教育経営学を創り出したいのか」という意見が別の参加者から出た。

また，フォーラムのテーマに対して，先行世代の参加者から「なぜ若手が教育経営学を背負おうとしているのかが気になる。自分が考えてきたことは，自分の研究が研究らしくなるにはどうしたらよいのかであり，それが結果的に教育経営学研究になっていった」と述べられた。別の先行世代の参加者からは「教育経営にこだわる必要はないと思う。自分のやりたいことが，研究の動機や方向性を決めると思う。教育経営を語りだすと視野が狭くなる」と語られた。

世話人としては，議論を通じて，若手研究者が教育経営学にこだわろうとする問題意識や思いを意見交流していく必要性を感じた。

課　題　研　究　報　告

実践の学としての教育経営学研究の固有性を問う(3)
―現代的有意味性の視点から―

あらためて教育経営学の学問的特質・得失を考えるために

神戸大学　山 下 晃 一

1　はじめに

一般に学問のあり方を論じる場合，何らかの属性具備を一定条件として外部から規範的に課し，それを充足するか否かの観点から，学問としての適合性や資格を判断する思惟様式がありうる。こうした姿勢は学問の名の恣意的僭称を防ぎうる反面，想定する条件如何によっては，当該学問の十全な潜在力発揮を抑圧しかねない。それら条件を学問の本質に照らして十分に吟味することなく，他分野との共通性が高い属性の適用のみに腐心すれば，昨今の学芸をめぐる世相の下では，結局，諸学問を一元的に序列化する力に巻き込まれて劣位に置かれ，創造性や自由闊達さを失うおそれもある。他学問（とくに「親学問」）と関連づけたり比較したりすること，あるいはそこで展開される概念や理論から学ぶ必要を主張したりすることもあってよいが，その優越性を過度に強調する場合には，こうした懸念が，より強く浮かび上がる。

このように外在的・外形的基準を当てはめるだけでなく，当該学問の等身大の姿，たとえばそれを担う主体が備える諸条件（「手持ちのカード」）にこそ目を向け，内在的・能動的に学問としての潜在力・意義・課題等を考えるような，いわば現象としての学問に注意を向ける思惟様式もありうる。卑屈さとは異なる謙虚さを保ちつつ，自らの強みについても冷静に捉えていくことが学問の発展には不可欠である。教育経営学は定期的に自らの学問的アイデンティティを問い直してきたようにも思われるが，そこでの議論の展開を振り返るとき，こうしたことをあらためて意識させられる。

教育経営学の固有性を現代的有意味性の視点から問うという場合，今日の教育事象という外界にどう働きかけうるか・貢献しうるかという対外作用の視点に加えて，大学改革をはじめとする自らの学的営為の土台のゆらぎを見据えた上で，学問として現代社会においていかに存立・存続が可能か，それを裏付ける内的構造を有しているかを自省する対内的視線も不可欠と思われる。激しい変化に目を奪われがちな状況で，こうした姿勢は内向的・閉鎖的と冷ややかに見られがちでもあるが，人文社会科学の危機とも言われる今日，学問として適切な，地に足のついた自意識を鍛え続けることは重要である。

本報告では以上の認識を前提としながら，本学会という存在＝教育経営学が有する基盤的な発想・思惟の洗い出しと検討を試みて，学問としての教育経営学が有する特質・得失について若干の考察を行う。

2　実践への能動的関与という特質

教育経営学の学問的特質として最初に挙げることができるのは，研究と実践の関係を考え続けてきた点である（小野他 2004，曽余田 2008，浜田 2009）。

これを研究から実践への関与という方向性から捉える場合，そこには今でも議論されるように，検討・整理の必要な問題が多く残されている。

まず，研究主体側の問題として，第一に，研究者間で実践関与の機会が異なり，特権性や不均衡もあるなかで，その関与をどのように拡張・一般化して論じていくことができるか。第二に，実践への関与が過度に強迫的になっていないか。学校現場に研究課題を発見したり，解釈・解法を提示して自己効力感を得たりする等，学問を存続させうる利点も多い反面，貢献不全感から自己否定感や卑屈さを覚えることもある。こうした消極面にどう向き合うかを考えずに実践への関与を是とする場合，窮屈な関与を余儀なくされるかもしれない。第三に，たしかに従来のような研究者の権威的関与は反省されたが，単なる権威の否定や別の見えない悪しき権威に陥っていないか。学問的な権威が不要なのではなく，新たに適切な権威をもつことができているか。こうしたことの言語化・共有が求められているように思われる。

次に，研究の幅と質の問題として，第一に研究対象の視点から，実践にのみ規定されすぎる問題，たとえば学校の求めに応じたつもりが，理論に都合の良い状況の選り好みに陥っていないか等の問題がある。第二に研究種の視点から，実践への関与の薄い非経験的・理念的・哲学的な研究を適切に位置づけていくという問題がある。第三に研究精度の視点から，実践を支援するという姿勢が，理論の精度を高めるのか，関与するほどに生じうる気遣い・共犯性とも呼ぶべき問題をどう考えるのか（accuracy or advocacy）。第四に研究水準の視点から，実践との関係強化が本当に知的水準を向上させているのかという問題がある。民主国家における学問の普及や生活世界との即応性が，卓越性や専門性と矛盾・対立するという根本的論点にも関連しているであろう。

以上のように実践への関与が教育経営学に対してどう影響するか，さらなる整理を経た上で新たな段階へ向けた探究と共有が求められる。たとえば，①実践への関与を実現する上での条件，②関与自体に内在する課題，③関与のあり方を省察・再構築する回路の確保など，論点別に知見を整理し直すという課題が立ち現れてくる。

3　教育経営概念自体の特質

教育経営という概念をどう捉えるかという課題は一個人には大きすぎる一方，研究活動・教育活動を少しでも進めるためには，ある程度の内容を措定しておくことが必要となる。おそらく会員のほとんどが直面する課題と思われるが，筆者の場合，教育実践・教育制度・教育行政など，類似概念の相互関係から，教育経営概念の仮説的な検討・定義を試行錯誤し続けている。

その際，教室内における狭義の教育実践（教師と児童生徒の相互作用）が，学校をはじめとする教育制度（＝可視的・不可視的なルールの束）から磁場的作用を受ける（と同時にそのルールを実践が構造化する）と捉え，そうした学校と社会との物質的・意識的代謝を（公権力・公共性を伴い）意図的に調整する広義の教育実践として教育行政を捉える。この場合，教育経営の概念は，これら狭義の教育実践，教育制度，教育行政を貫く意図的作用の位相において，組織・協働等への着眼や“力動”への重点化に基づいて展開される実践・機能あるいは現象を指し示す概念として措定できる。

だがそれは，実践者が常にそう考えて実践しているというよりは，研究者や観察者（学的探究者）が実体を捉えるときにレンズとして用いる概念ではないか。教育経営概念は実体的なものも含みつつ，しかし実体概念というよりは着眼を示す観念的概念，否定的な意味での観念ではなく，そこから知的活動が駆動されていく貴重な観念的な概念として現段階では仮説的に位置づけている。行為概念，機能概念，現象概念，一体どれかという議論もあるが，そもそも特定が必要かも含めて議論する広い知的構えがひとまずは有益である。

こうした教育経営概念には大きな強みもある。必ずしも筆者自らも納得しきれない粗雑な整理で恐縮だが，一般的には教育行政が教育制度を作り，それを動かす局面を対象化するのが教育経営とも捉えられる。

この整理が一定の妥当性をもつならば，ここでの教育経営概念は“教育をどう動かすか”，しかも“組織的かつ創造的に”どう動かすかへの焦点化を主旨とした上で“制度よりも人と実践”，また“個人よりも組織”，そして“静的な構造より動態の把握”に焦点を当てるものと言える。教育が個人的に営まれる局面ではなく，公共的社会的に営まれる局面（端的には学校教育）に適合的な概念とも言える。この意味では，隣接諸分野以上に教育そのものへ肉薄しうる概念の可能性があり，そこにこそ一定の魅力も感じられる。

教育経営概念の指し示す次元を考えると，教育を現象やシステムの次元で受動的（ときに決定論的）に捉えるのではなく，営為の次元で能動的に捉えることを宣言する概念とも言える。その点では教育方法学・教育課程研究（など，ペダゴジーの研究）との協働も可能な柔軟性や幅広さを有する概念である。また，フリースクールや民間教育組織等における「経営」も視野に入るところであり，現代的変容にも対応する潜在力を有しているのではないか。

こうして教育経営概念は，教育概念自体にかなり近い，場合によっては教育概念そのものとも言える包容力があり，教育方法学など他分野に提出されない研究が集まる余地の大きさは，ここに由来するようにも思われる。

4　教育経営学をめぐる方法論上の懸念

教育経営学は，教育経営概念を基軸とすることで，教育の最前線たる学校や地域など「生活世界」に迫りうるという強みがある。実際に本学会では教育の諸事実にアプローチする研究上の知見が豊富に蓄積されてきた。

とはいえ，上記のように教育経営概念は，意図的な動きの創出という位相に特化しながらではあるが，教育の“総体”を捉えうる融通無碍な性質を有するため，それに起因するむずかしさを乗り越える必要がある。すなわち，この概念を基軸に学問を生成した場合，理論構成や下位概念が十分に整理できないまま上記の概念特質に流されてしまうと，知性を駆動させる手がかりや手続きを蓄積・共有する契機を失い，明瞭な学問的な輪郭も示しづらくなり，つかみどころのない学問として内外の目に映るおそれが生じる。教育経営学は成立時期から一貫した学問構成や体系性が確固として示されていない面も感じられ，確かさの度合いが若干低い，あるいは弱いとの評価を受ける余地を残す。

こうした点から，教育経営学においては科学性や実証性という近代学問ないしサイエンスが具備すべき属性をどう扱うか・扱われているか，定期的あるいは恒常的に論題とされてきた。

たとえばサイエンスの特徴は，一貫性や反復性という基準によって現象を認識する点にあるという（長島 2013，梅屋 2019)。とくに無機物には一貫性と反復性を見いだしやすい。また生物も遺伝子に依存する局面は同様である。社会現象・文化現象にも，疑似的に無機物や遺伝子のようなふるまいが見いだされ，人々の主観や意図を超えた一貫性と反復性を確認できることもある。

だが社会現象・文化現象は基本的に一貫性や反復性を欠き，不確実性に満ちる面が大きい。ゆえにこそ「言葉」でいかに把握するかが問われるわけであり，それは人の手によるという意味でアートであり，社会や文化の現象を扱う人文・社会科学の固有の意義はここにあるという。

では実践への関与を特質とする教育経営学は学問として事実にどう向き合うのか。たとえば，サイエンス・科学の強みは上記諸基準を通じて一般性を実現し，人々の対話を保障する点にあるが，社会現象・文化現象の特性を重視する場合，こうした利点を放棄してしまうのか。そうなれば「はい回る経験主義」のごとく無限の事例の海，あるいは主観の闇におぼれるだけではないか。

この点はかねて教育学でも議論されてきたところであるが，そうした遺産や伝統がうまく継承されていないのではないかという懸念がある。

ここで，戦後教育学の論客の一人である勝田守一の言葉が想起される。

彼は，「経験を研究の方法としてみると，帰納・インダクションに帰着する。…帰納というのは…事例を多数集めて…共通性を一般化するような方法ではない。こんなものを帰納法とするならば…いつでも事例の不完全なリストアップに終わる懐疑主義の温床になる」と述べる（勝田 1967)。

そして，「法則を発見する心的操作は，事例の多数…ではなく，むしろ一種の心の発明による典型的事例を創造するところに中核がある。…物理学的帰納でさえ，典型の創造を必要とするとすれば，もっとも実践的な教育学研究では，心理学や社会科学研究の単なる応用ではなく，教育学的法則の発見であるかぎり，つねに典型の創造を離れては成り立たない…」という。

これに従うならば，一貫性や反復性を基準とするサイエンスの発想や手法でなくとも，「典型の創造」という形で人々の対話や交流や，一般性も保障することが可能になるように思われる。「説明体系」の一種としての学問においては，発見の表現も多様たりうるが，その有力な一つの形として「典型の創造」があり，それこそが自由度の高い教育をめぐる事例・実践や経験を扱う上では本質的かつ潜在力を発揮しうるのではないかということである。

5　むすびにかえて

そもそも学問とは何か，とくに広く教育を扱う学問がどういう性質を帯びるかを含んで，この学問に取り組む主体の内面で，いかなる諸概念が起点・足がかり・テコ等となり，どのような精神状況（geist）で学問を進めているのか，いかに知性を駆動しているのか等について，これまで本学会でも個別に言及されることはあったとは思われるが，それらをもう少しまとまった形で意識化・言語化・構造化・体系化していくことが可能ではなかろうか。

こうした作業は，一定の蓄積ある他学問では，その構成に確固として組み込まれているように見える。たとえば歴史学では「史学概論」が歴史学の基本的性格や知的方法を指すのに対して，「歴史概説」は前者の概論に基づいて学問が明らかにした内容を示す（例：西洋史概説）ともいう（遅塚 2010）。

教育経営学では，ここでいう概論，つまり学問の方法論や性格を意識化して構造的・動態的に把握した内容，換言すれば「メタ理論」（中内 2008）が断片化・霧散しているかもしれない。これは事実を見るための枠組みや仮説＝理論を示すものではなく，そもそもそれらがどう作られるか，その由来や生成経緯，改良の方向性を深く扱おうとする“理論を生む理論”であり，学問発展の鍵になりうる。教育経営学の固有性はこうした次元でも探究されていく必要があるというのが，本報告のささやかで暫定的な提言ないし確認である。

［参考文献］

・梅屋潔「呪術と科学」松本尚之他編『アフリカで学ぶ文化人類学ー民族誌がひらく世界』昭和堂，2019年。
・小野由美子・淵上克義・浜田博文・曽余田浩史編著『学校経営研究における臨床的アプローチの構築』北大路書房，2004年。
・勝田守一「研究集会というもの」『教育』No.211，1967年8月号，1967年，5-10頁。
・曽余田浩史「わが国における教育経営概念の成立と展開」『日本教育経営学会紀要』第50号，2008年，2-13頁。
・遅塚忠躬『史学概論』東京大学出版会，2010年。
・中内敏夫『生活訓練論第一歩〔付〕教育学概論草稿』日本標準，2008年。
・長島信弘「人類社会における『事実』とは何か」(『来たるべき人類学構想会議』2013年，http://anthropology.doorblog.jp/archives/28489317.html，最終確認2022.2.11)。
・浜田博文「『臨床的アプローチ』の成果と課題ー研究知の産出を中心にー」『日本教育経営学会紀要』第51号，2009年，108-110頁。

実践科学としての教育経営学を構想するために

九州大学　元兼正浩

1　教育経営学の固有性は何か―実践のための科学の追究―

今期研究推進委員会では「実践の学としての教育経営学研究の固有性を問う」を3年間の統一テーマとしてきた。教育経営学の学的固有性をどこに求めるかについて，例えば吉本二郎（1976）は「現代の学校経営論は，その研究の対象や方法において，それぞれ差異をもっているとはいえ，基本的には現実の学校経営をいかに改善するかの意識に導かれた実践（指導）的経営論である」（35頁）とし，「個別的な経営実践の判断と行為の基礎となりうる客観的理論を提供する，科学的に確立された学校経営学にまで成長を遂げなければならない」（36頁）と言及している(1)。およそ半世紀前から学校経営改善のための実践的な貢献，すなわち学校経営の判断や行為の基礎となる科学的な学問体系として「学校経営学」（乃至「教育経営学」）の構築が目指されていたことがうかがえる。

これに対し，市川昭午（2021）(2)は「教育経営学者は…以前から実践志向が強かった。…（中略）…実践重視はその裏返しとして「反理論的偏向」を招きやすい」と批判するが，もとより目指していたのは実践か理論（研究）かという二択ではない。髙野桂一（1990）も「学校経営の科学化」（学校経営に科学的手法（方法論）の光を通すこと）の確立を追究し，実証的分析に根ざす教育科学の一環として「科学としての学校経営学」の確立を標榜していた(3)。

ただし，ここで髙野が志した学校経営の科学は，「理論」と「実践」を2つに分け，理論を基礎，実践を応用として捉えているようにも見受けられる(4)。すなわち，理論（テオリア）と実践（プラクシス）を切り分け，理論的認識の優位性を主張するアリストテレスに淵源する「理論＝実践」問題(5)が垣間見られる。研究と実践の間を非対称的な関係として捉え，理論を教育実践に適用することで最適化を図るというシェーマは，人間の感覚は頼りがいがなく，理性（定式化された知識，科学的理論）によって背後にある確実な構造が認識可能になるという「科学」に対する過剰期待や特権化された眼差しがあった点は否めない。

2　実践科学としての教育経営学における価値，信念，認識

その後，教育経営学を「実践に寄与する科学＝実践科学」と規定することにより，「科学」の装いをもった「教育経営学」研究が量産される状況を岡東壽隆（1990）(6)は憂慮し，それは研究者の一方的な「事実」の押し付けであり，研究対象となる教育組織構成員の「認識」や「価値」，「意識」ときり結べていないと批判する。すなわち教育経営学の研究者の仕事は，経営事象（事実）だけでなく，その規範性，価値，信念，意味も対象として開始され，こうした対象が研究者を価値自由の立場には置かないと指摘する（なお，同様の問題意識は今期研究委員会が１年目に設定した研究者のポジショナリティの自覚，リアリティ把握の方法，学術性の追究の如何，２年目に設定した価値不可分性，科学性，再現可能性の追究といった課題研究での各テーマとも接続する)。

したがって，このような価値や認識と切り離され「事実」のみに依拠した「実証的」研究は，合理性はあっても経営実践やその変革に貢献しない産物だと論難する（岡東 1990：27頁)。実証主義的な科学主義の方法では，人間や社会における意味や価値の問題を正しく扱えず，事実だけが抽出され，人間性や価値判断といったものが捨象されていくことは，フッサールが人間性の危機として訴えたように(7)，結局，「事実学」に陥ってしまい，普遍性への追究がなされず，「本質学」としての学問の意義は後景に退くことになる。

とりわけ教育目的や価値の実現を意図的・計画的に追究する営みである教育実践に向き合う教育学は，必然的に価値にかかわらざるをえない。しかも，教育的価値は真や善といった哲学的・社会学的価値とも異なり，より真や善になりえたかといった発達の観点をも含み(8)，「科学的」に捉えることは困難である。

ガート・ビースタ（2016）も教育研究の実践的役割について，研究は教育的手段の効果性だけではなく，教育的目的の「望ましさ」を探究すべきであると説く。ドゥ・フリースの議論を引用し，研究が教育実践に道具的・技術的知識を提供するだけでなく，実践的に価値をもつための方法は，「異なった解釈を

提供することによる，社会的現実の異なる理解の仕方や異なる想像の仕方」，すなわち，研究の文化的役割を果たすことだという(9)。研究の技術的役割を強調するエビデンス重視は，研究上の問いを「技術的効率性や効果性の語用論」へと矮小化させてしまう恐れがある。教育実践者に理論的なレンズを与え，実践に対する異なった理解を獲得させる手助けをするこの文化的役割が重要であることを，ここでは確認しておきたい。

3　教育経営学研究の現代的有意味性について―実践，組織，イナクトメント，実践的アプローチといった観点から―

教育経営学が対象とする実践は多様で，その定義は一筋縄ではいかないが，たとえば組織ディスコース研究における実践的アプローチの先行研究をみると，実践は「共有された実践的理解の周りに中心的に組織化された，実体化され物質的に媒介された一連の人間行動」であり，「制度的文脈内に埋め込まれ，社会構造の多元性をイナクトする」などと説明されている(10)。

本年度の課題研究のキーワード「現代的有意味性」は，このイナクトメントに注目した概念である。組織にとって生成，強化，再生，変容などの「変異」に相当するものを敢えてイナクトメント（enactment）と称するのは，管理者が自らを取り巻く多くの「客観的」特徴を構築し，再編成し，抽出しあるいは逆に壊したりするのだということを強調するためである（Weick 1997：214頁）(11)。

組織化活動のアウトプットとして環境を捉えたり，反対に知覚された環境が組織に影響を与える面を捉えたり，環境と組織の相互作用を見ていく中で，環境を組織から切り離すのではなく，環境の多くを自らが創造しているのだと認識することが重要となる（219頁）。

①管理者が環境の中で行為し，環境の一部に注意し大部分を無視し，自分たちが何を見，何をしているかについて他の人と話す。その結果，取り巻く状況がいっそう秩序的になるという「経験のイナクトメント」。

②管理者は環境と組織に関して思うほどにはよく知っていないという「限界のイナクトメント」

③組織における人々は自分たちが何を行ったのかを知るために行為しなければならないという「シャレード（ジェスチャー・ゲーム）のイナクトメント」

ただし，上記①～③を踏まえれば，自己の身を置いている環境や組織についての理解は，管理者といえども不十分・主観的であり，「人々がすでに言葉で理解している雰囲気，主観的なものとして，あるいは感じたことにすぎないものとして捉え，理解してしまっている雰囲気」(12)にすぎず，またそれを観察者に伝えることもままならない。

こうした管理者の限界を考えるとき，シャレードを外から見る第三者の存在，さきの研究の文化的役割が必要となる。

4　学校経営コンサルテーションの課題と可能性

管理者に理論的なレンズを与え，彼らの実践に対する異なった理解を獲得させる手助けをする文化的役割として，ここでは学校経営コンサルテーションについてあらためて考察したい。

本学会では，シャイン（Schein, E. H.）のコンサルテーションの議論(13)を引用し，①専門的知識提供－購入（情報の入手・専門家モデル）モデル，②医者－患者モデル，③プロセス・コンサルテーションモデルがたびたび提示されてきた。

ただ，実践者や管理者自身でさえ認識困難な教育実践のリアリティや当該組織・環境の実態を的確に把握できているかは，コンサルテーションにあたってのアポリアである。教育の「現実」なるものが，最初から素朴実在論的に実体として存在しているわけではなく，言語的実践－言説，語り（ナラティブ），「見立て」，「筋立て」，「テクスト」読解，解釈－によって構成されているものであるという物語論的ないしは構成主義的なスタンスが必要とされる(14)。

先行研究では，クライエントである教育実践者を組織改善の処方箋の受容者とする②医者－患者モデルではなく，③プロセス・コンサルテーションモデルによるクライエント（実践者）とコンサルタント（研究者）の関係性の組み換えの必要を強調するが，その場合の具体的なコンサルテーションのプロセスについては一連の「臨床的アプローチ研究」においても十分に示されていない。

クライエントに自己治癒力があるとする仮定もコンサルタントとの関係性の組み換えには貢献するが，実際にはクライエント自身が当該組織や環境の課題を的確に認識し言語化できていないことも多く，研究者（コンサルタント）が教育実践者（クライエント）に彼らの実践の異なった理解を獲得させる手助けをし，彼らの実践を異なった理論的なレンズで違うように見せたり想像させたりすることは実践に寄与する教育経営学の固有性の可能性となりうる。

こうした実践のレンズは「ユーザのイナクトメントを形成する制度的，解釈的，かつ技術的な状況の検討をすることができ，逆にそのようなイナクトメントが制度的，解釈的，技術的状況をどのように強化し修正するかについても探究することが可能になる」（ハンドブック組織 2012：580頁）という。実践科学として，こうした有効なパースペクティヴを提示するコンサルテーションのありようは，臨床的アプローチというより実践的アプローチという位置づけのほうがふさわしいのではないだろうか(15)。

5　臨床的アプローチから実践的アプローチへ

さきの岡東壽隆（1990）は機能主義の立場に立つ伝統的な教育経営学を，対象ごとに①教育組織の「構造」に焦点を当てた研究，②「権力」に焦点を当てた研究，③「過程（プロセス）」に注目したシステム論的研究，④現象や行動に焦点を当てた研究，⑤「文化」に焦点を当てた研究，⑥組織の「認識過程，思考過程」に焦点を当てるもの，⑦「心理」状態に焦点を当てた研究に整理する。

そしてこうした機能主義的研究に対する批判から，「ニュー・パラダイム」に基づく方法論の展開として「主観」理論，現象学，批判理論（当事者）研究，エスノメソドロジー等を提示する。だが，管見の限り，30年を経た現在もこの新たなパラダイムや「臨床的アプローチ」がめざしていたものに迫れていない。

ただ，当時，「臨床教育学」にとっての教育相談（コンサルテーション）は，教育学の思考方法や研究スタイルをどのように変換できるか，変換の仕掛けであって，学校の《問題》の解決や解消をめざしたものではなかったとされる。むしろ《問題》にかかわることによって教育学者自身や教師自身が自己変換を遂げる可能性を探り，そのような《問題》の意味変換の場所としてコンサルテーションを見立てていたという(16)。

教育経営学における臨床的アプローチも，当時の「ポストモダン・モード」とよばれる時代の空気の中で教育実践や教育現実と研究（教育経営学）との関係の再構築がめざされ，そうした命名がなされていたのだとすれば，あらためて教育の脱構築から再構築へと方向転換する必要もあるのではないだろうか(17)。

「実践に寄与する科学＝実践科学」としての教育経営学は，たとえば，学校経営コンサルテーションの場合，コンサルタントたる研究者が自身のもつ価値を自覚しながら，そもそも「よい教育経営（実践）とは何か」といった「本質（意味)」をコンサルティ（管理者，実践者)，クライエント（実践者，子ども)，さらには学校関係者（保護者，地域住民ら）との〈学びの公共圏〉というアリーナにおける討議（熟議）や闘技（agon）を通して，関係者の「納得と合意」を問い続けること抜きには成り立ちえないだろう。それは対等か否かなど関係の組み換えではなく，まさに教育経営という実践のアリーナ（学びの公共圏）に研究者自身が組み込まれることでもある。

さきの岡東が論じるように，教育経営学における研究行為は，実在する事象への関与から出発し，そこに生起する問題，矛盾，葛藤の解決を志向している。研究者は，こうした期待や要請から決して無縁ではありえず，むしろ管理職，教師，子ども，保護者らとともに協働し，問題解決していく存在であり，その際に，何らかの「善さ」を実現したいと願う実践性，規範性を内包するものであるならば，「政治」から切り離されたものではありえず（西村：165頁)，コンサルタントたる研究者が自身のこだわる価値を自覚しながら，単位学校に限定せず，地域教育経営のアリーナでの闘いに挑む必要があるのではないだろうか。民主主義の縮図のような「地域」にあって，一研究者として本質をめざした熟議・闘技の民主主義を引き起こしていくことが実践科学としての教育経営学の構築にとっては不可避でないかということで，私の提案を終えたい。

［注］

(1) 吉本二郎「第一章　学校経営論の研究開発」『現代学校経営講座第５巻学校経営の革新』第一法規，1976年。
(2) 市川昭午「教育経営学と教育実践」『月刊教職研修』2021年６月号。
(3) 髙野桂一教授最終講義（1990年１月29日九大文系講義棟101番教室「学校経営の科学」の確立を求めて一学校経営研究夜話ー）など。
(4) 「私の著作集はまず基礎医学にあたる理論科学の枠組みを構築しつつ，その上で実践技術学を打ち出していく」髙野桂一『学校経営夜話一実践の科学と信条を求めて』ぎょうせい，1991年，225-226頁。
(5) 小笠原道雄編著『教育学における理論＝実践問題』学文社，1985年。
(6) 岡東壽隆「教育経営学の対象と方法」青木薫編『教育経営学』福村出版，1990年。
(7) 森美智代『〈実践＝教育思想〉の構築ー「話すこと・聞くこと」教育の現象学ー』渓水社，2011年，10頁。

(8)　中内敏夫『教育学第一歩』岩波書店，1988年，18頁。
(9)　ガート・ビースタ著，Gert J. J. Biesta，藤井啓之・玉木博章訳『よい教育とはなにか：倫理・政治・民主主義』白澤社，2016年。
(10)　『ハンドブック組織ディスコース研究』同文舘，2012年，578頁。
(11)　カール・E・ワイク著　遠田雄志訳『組織化の社会心理学〔第2版〕』文眞堂，1997年，213頁。
(12)　木下寛子『出会いと雰囲気の解釈学―小学校のフィールドから』九州大学出版会，2020年，79頁。
(13)　エドガーH. シャイン・尾川丈一『プロセス・コンサルテーションの実際Ⅱ』2020年。小野由美子・淵上克義・浜田博文・曽余田浩史編著『学校経営研究における臨床的アプローチの構築』北大路書房，2004年。
(14)　西村拓生『教育哲学の現場―物語りの此岸から』東京大学出版会，2013年，237頁。
(15)　市川昭午「教育経営の臨床的アプローチ？」『月刊教職研修』2021年5月号。
(16)　皇紀夫「教育を語る言葉の『病』」住田正樹・鈴木晶子編『教育文化論』（放送大学大学院教材），放送大学教育振興会，2005年。
(17)　下司晶『教育思想のポストモダン―戦後教育学を超えて』勁草書房，2016年。

※本報告は，科研費研究番号21H00820の研究成果の一部である。

教育経営研究のリアリティ探究

鳴門教育大学　佐古秀一

本報告の範囲

本報告では，教育経営研究における実践性に関する議論を，教育経営研究のリアリティをその理念の実現可能性という観点から整理し，リアリティ構築の方法論について組織開発研究の知見をもとに述べる。

1　実践性への問い

本学会では，教育経営研究における研究と実践の関係について，これまでからも繰り返し議論を重ねてきた。

第31回大会課題研究では，「教育経営研究の学術性と実践性の検討－学校の組織運営に関する先行研究の検討結果を素材にして－」のテーマのもとで，学校経営のキー概念と言える，経営過程論（Ｐ－Ｄ－Ｓ論），学校評価，リーダーシップをとりあげ，それらに関する研究知と実践との関わりについて批判的検討がなされている（河野・天笠・木岡・西 1992）。河野は，Ｐ－Ｄ－Ｓの経営過程論が実践の場に必ずしも根付かないのは，教職員の認識や努力不足によるものばかりでなく，例えば学校目標の「曖昧さ」を内包している学校組織の特性によるところも大きいのではないかと述べ，学校組織特性に基づく経営論が望まれるとしている。木岡は，学校評価が問題としてきたのは，あるべき学校経営の展開の上で必要とされる「あるべき学校評価」であったと述べ，「よりよい学校評価」をいかに普及・定着させうるかについては明示しえてこなかったと述べている。天笠は，研究者と実践家が用いる言葉の意味にギャップがあり，その溝は複雑化する実態の中でさらに広がる傾向にあるとしている。この課題研究を総括した西は，「教育経営事象（限定的には学校の組織運営事象）の特殊性（ないし独自性）を十分に把握しうる概念装置が適切に開発されてきたか否か」という問題があると述べている。そして従前の研究では概して「常識的ないし規範論的な説明に終始する傾向が強かった」と総括している。

以上の議論は，研究という世界の中で流通している知（研究者側の認識）が，それに対応する実態（実在）を見出しえなくなっている事態，つまり，教育経営研究のリアリティに関する問題提起といえよう。

2　教育経営研究におけるリアリティの重層性

ところで，教育経営研究におけるリアリティの探究に関わる問題意識に関しては，重層的な論点が含まれている。

第一には，学校や教育の独自性ないし特性に適合した理論構築の必要性に関する問題意識である。いわゆる一般的な経営論の学校や教育への適用限界については，これまでからも指摘されてきたことであった。教育経営研究を草創された諸先輩の諸説の中には，学校と一般組織（営利組織）とを区別して，一般経営学の理論を学校に適用することについては慎重であるべきとの見解を見出すことができる。例えば，児島（1983）は，他の関連領域の研究成果を教育場面に類推適用することや，関連領域で見出されたモデルを教育場面で検証することに対して，それによっては「教育」経営の固有性が生み出されてこないとしている。また，河野（1969）は，学校が人間形成という客観的・量的な指標化が困難な目標を課せられた組織であること，その構成員たる教師は同質性が高くかつ専門的自由を必要とすること，個々の教師の創造性と個性と学校全体の統一性が同時的に求められることを列挙している。このことから，一般に組織で実施されているモラール・サーベイ等を学校に適用することは困難であると主張している（94-95頁）。さらに，高野（1980）は，経営学における経営体の組織論的概念を教育組織体としての学校に適用することについて，社会機能論的には共通な性格を見出しうるとしながらも，そこに「根本的な難関」があることを否定していない（60頁）。教育という営為に由来する学校の組織特性に関する理論やそれに対応した経営論について問題意識が繰り返し表明されてきたのである。

第二には，教育経営の「理念」から派生するリアリティの問題である。「教育」経営の固有性探究については，すでに上記した児島らの議論の中にも既に見られるところである。木岡は，学校評価研究は学校評価論の枠組みの中で合理性・民主性を追究してきたと述べているように，そもそも学校評価研究に内包してきた理念とその実現可能性との乖離に関する問題意識を示している。これに関連した議論として水本（2017）は，公教育経営における制度的事実構築の当事者性確立に関する問題意識を述べているが，権力の様式が構成的規則へと変容する中で，公教育経営をめぐる制度的事実（例えば学校評価）の構築プロセスから教師や学校が排除されている現状の問題を指摘している。これらの見解は経営過程における学校や教師の当事者性の構築とそのことによる教育行為への主体的関わりという理念とそうではない実態の乖離，したがって教育経営の理念の実現可能性が問題とされているのである。

教育経営研究のリアリティは，研究知（認識）と観察可能な出来事との相応関係だけでなく，教育経営の理念の実態化という観点からも問題とされてきたといえる。

3　リアリティの構築に向けて

(1)　共同実践という研究方法

教育経営の理念に基づく研究方法論について，二つの方向性があるように思われる。

一つは，それに相当すると思われる教師や学校の事例の発掘と検討である。

二つには，研究と実践の共同によって理念の実現可能性を探究しようとする研究である。言ってみれば教育経営の〈共同実践型〉研究である。これは，実践側の経験知ならびに諸条件と研究知を接合し，教育経営を実現しようとする試みである。本報告の問題意識との関連で述べるとすれば，研究者の介入によって，教育経営の理念の実現可能性やその条件を見出していこうとする研究であり，教師や学校が自らの教育活動として何を為すべきかを探究し遂行していくプロセスを実践者と研究者が共同して取り組み，その成果，過程，要因等を分析し研究知見として蓄積していく研究である，と捉えることができる。研究手法としては，アクションリサーチ，組織開発，コンサルテーションなどを想定することができる。

(2)　共同実践型研究を通して得た知見と課題

筆者は，組織開発の手法を採用しながら学校に関与してきた。関わり方は，児童生徒の実態，課題，目標，教育活動の改善方策を，教師や学校が自ら探究していくプロセスを支援するものであって，それらの内容をどう定めるかは学校に委ねるというものである（佐古 2019）。

学校の内発的な改善力という目標を掲げつつ学校へアプローチしたが，現実には教育経営に関する当事者性の意識が脆弱になっていると思われる学校が数多くあった。学校とのコンタクトの初期段階では，学校の課題や目標を自ら考えること自体に消極的な学校が多かった。学校の課題や目標は自ら考えるものではなく与えられるものであるという認識が広く浸透していて，それでなくても多忙な学校で，改めて子どもの実態や課題を捉え直すことに消極的になっている学校である。

しかしながら，そのような学校でも教職員のコミュニケーションを開き，情報共有を経て子どもの実態や課題が可視化され，それを踏まえた教育改善の方略に納得性が感じられてくると，子どもに対する教職員の関わり方が変容していくことも確かめられた。これらの学校では，教育経営（自ら子どもの課題を考え学校の取り組みを明らかにしていくこと）の重要性や意義は，事後的に学校側に理解されることが多かったようであった。

筆者の組織開発アプローチによる教育経営研究としての課題として，以下の２点を挙げておく。

第一には，どうしても学校の内部要因への介入に重点が置かれその範囲の問題に閉じてしまうことである。教育経営研究としてのスコープの限定性である。多様な要因の下で動いている学校に対して，研究者が介入できる要因は極めて限られていて，その他の要因との組み合わせによってそれが作動すると捉えるべきであるように思われる。感覚的に言えば,「巡り合わせ」とも言えるような適合関係があるように思われる。

このため，得られた知見がどのような条件の下で有効であるかを明確にすることが困難で，知見の活用可能性を制約しているようにも思われる。

この限界を超えるためには，事例的に獲得される共同実践型研究の知見をより広い文脈において考察検討していくことが考えられる。

さらに第二として，共同実践への参加者を教職員にとどまらず，教育委員会，地域住民などにも拡大していくことが考えられる。筆者の組織開発研究においても，ある市が他地域での実践事例に関心をもち，市の指導主事を研修に参加させた上で市内の全小学校に展開するという事例があった。この例は参画というレベルには至っていないものであるが，共同実践への参画者の範囲，特に教育委員会の参画を図り，教育行政の要因も含めて整理分析することができれば，教育経営の研究としてのスコープも拡大し，知見の社会実装も図られるように思われる。

教育問題の多くを学校現場の工夫やマネジメントで乗り越えようとする傾向が強まり，その帰結として学校や教師に自律性が強要される状況になりつつあるように思われる。そうであるがゆえに，学校の工夫であれこれに対応することに終始するのではなく，学校で取り扱うべき課題を明確にしつつ学校や教師が教育営為への主体的関与や学校を基盤とした内発的な教育改善を実現していくことの重要性は高まっていると思われる。理念としての教育経営の研究知は，実践側に対しては規範性をもつ知として存立せざるを得ない。教育経営の研究知に内在する規範性そのものが問題ではなく，それが単なる観念（非現実的な言説）に終始するかどうかが問われるべきことではないだろうか。「理念から実践へ」の道筋をどう見通せるか，教育経営研究として実践（実態）との接合を図る理論と研究方法論を開拓し教育経営の知見を蓄積することが求められる。

［引用文献］

・児島邦宏「教育経営研究と教育実践」『日本教育経営学会紀要』第25号，1983年，17-21頁。

・河野重男『教育経営』第一法規，1969年。

・河野和清・天笠茂・木岡一明・西穣司「課題研究報告 1　教育経営の学術性と実践性に関する検討」『日本教育経営学会紀要』第34号，1992年，109-118頁。

・水本徳明「学習観の転換と経営管理主義の行方一公教育経営における権力様式に関する言語行為論的検討一」『教育学研究』第84巻第 4 号，2017年，398-409頁。

・佐古秀一『管理職のための学校経営 R-PDCA—内発的な改善力を高めるマネジメントサイクル』明治図書，2019年。

・高野桂一『学校経営の科学①基礎理論』明治図書，1980年。

討議のまとめ

大阪教育大学　臼井智美

今期の研究推進委員会では，「実践の学としての教育経営学研究の固有性を問う」ことを主題に掲げて3年間（2019～2021年）の研究を進めてきた。最終年の本課題研究では，「現代的有意味性の視点から」として，次の2点を主なテーマとして討議を行った。①「臨床的アプローチ」を契機とする，「臨床」の名の下で想定されてきた研究（者）と実践（者）との関係性の捉え方や，事例記述の方法論としてではない研究（者）と実践（者）との緊張関係の捉え方に対する新たな視点の提示について。②研究者を取り巻く環境の変化が「研究」そのものの目的，対象，方法，評価を大きく左右する時代になったことの受け止めについて。教職大学院での教育研究活動の拡大やエビデンス志向の教育改革の進行により，研究者と研究対象との関係性がより多様化し，何のために行う研究なのかが，成果の即効性や即時性，普遍性や特殊性という多様な指標で価値づけられるようになった現代という文脈の中で，実践の学としての教育経営学研究の特質と立ち位置を改めて検討し直すことを，本課題研究の趣旨とした。

各報告を受けて，主に研究者と実践との関係性やその描き方に焦点化する形で討議が行われた，具体的には，次の点が主な論点となった。

一つめは，教育経営学と他学問との関係構造をめぐって，教育経営学を親学問との関係でみるのか・複雑系科学とみるのか，教育経営学を複雑系科学として体系化していく必要があるのか・否か，あるいはそうした問いが共有されていないことが課題なのかどうか，について問題提起がなされた。これに対し，教育という機能と経営という機能を掛け合わせた教育経営は二重に複雑であるがゆえに複雑科学系であるとの捉え方もできるかもしれないが，一方で，「教育の経営学」なのか「教育経営の学」なのか，その学的特質を解明し言語化していく努力も必要だろうという認識が示され，現時点で明確な答えを出せるものではなく，絶えず書き換えられるオープンソースのような捉えを提示した段階であることが報告者から説明された。

二つめは，「典型の創造」（勝田守一）で意味される一般化の範囲，その信頼性や妥当性への疑問が出された。一般化については，信頼性や妥当性は重要な要素にはなるだろうが，これらの軸とともに，研究者と実践との関わりでは，研究者自身が研究を通じて得る感動や驚きも重視されるだろうから，感動や驚きという軸でも追究していく必要があるのではないかとの応答があった。この点についてはさらに，「典型の創造」をめぐって，事例研究のような経験的な事実，現実を分析しながら創り出されていく研究者の思いや認識をモデルに反映させていくことが重要だろうという参加者からの反応もあった。

三つめは，実践と関わる中での研究者の方法論の変化についてである。研究者は教職大学院を契機として，現職大学院生が持ち込む“生の”学校課題に対し，院生を介して解決への貢献が求められるようになる中で，研究者自身の実践の捉え方や関わり方が変化してきている。現場を知る，現場を変えていくということはどういうことなのか，どうすればよいのか，などを考えることが研究方法論であり検討すべき議論の方向性ではないかとの意見が出された。また，関連して，学問研究の成果や知見を研究者がどのように自分の生き方や実践に生かしていくのか，どのような価値として受け止めるのかという，学問研究と向き合う研究者の主体性への関心が喚起されたとの意見も参加者から出された。

最後に，3年間の研究の総括として，「“実践研究とは何か”を究明する」という研究課題に対し，先達が教育経営学を形作っていくにあたり，実践との距離感や学術的な科学性の追究をどのように模索してきたのかを振り返る作業は行ってきたものの，ポストモダンに生きるわれわれがもつ科学観や実践科学の捉え方についての自問が足りなかった点が反省点として指摘された。この3年間，これからの「実践科学としての教育経営学」の研究方法の一つとして学校経営コンサルテーションの在り方を追究してきたが，臨床的アプローチの提案（2000～2002年度本学会研究推進委員会「課題研究Ⅱ：学校経営研究における臨床的アプローチの構築」）以降，教育経営学でのコンサルテーションといえば，シャイン（Schein,E.H.）が示した3つのモデル―「専門的知識提供―購入」「医者―患者」「プロセス・コンサルテーション」―の中でも，プロセス・コンサルテーションに力点が置かれてきた。このこと自体を批判的に検証し，これら3つとは異なる形での，権威主義を避けながらも実証科学として実践に関わることの可能性や，実践者が必ずしも自覚的に捉えていない学校経営のリアリティを記述する方法論について掘り下げていく必要がある。現代の環境変動を踏まえたモデルの提案可能性の検討が今後の課題として確認され，討議を終えた。

Questioning the Inherent Characteristics of the Study of Educational Administration as the Science of Practice (3): From the Perspective of "Characteristics" of Educational Administration Studies in the Context of "Modern"

Tomomi USUI (Osaka Kyoiku University)

The purpose of this research project was to discuss the peculiarity of educational administration research as a practical study. The main themes were the following two points. (1) To review the way of understanding the relationship between educational administration researchers and educational practitioners, which was evoked by the word "clinical" triggered by the "clinical approach". And to present a new analytical perspective that can capture the tension relationship between researchers and practitioners. (2) To cope with the fact that changes in the social environment surrounding researchers in educational administration have come to have a great impact on the purpose, target, method, and evaluation of "research" itself. The relationship between researchers and educational practices is diversifying due to the expansion of teaching profession education and research activities in graduate schools and the progress of evidence-oriented educational reforms. Therefore, the purpose of conducting educational administration research has come to be valued by various indicators such as immediate effect and immediacy of results, universality and peculiarity. So, we considered such changes in the environment as a characteristic of the "modern", we reexamined the characteristics and standing position of educational administration research as a practical study.

After discussion, the following points were confirmed. The peculiarities of educational administration studies have been considered to be a theoretical contribution to practice. However, the idea of scientificizing theory and applying it to practice itself may exclude values and beliefs from research and, as a result, does not contribute to practice. Practical science is not about restructuring the relationship between theory and practice. It is that researchers with a practical approach should recognize their own value, carry that value, and participate in the discussion of "what is good educational administration (practice)". That will be the starting point for educational administration as a practical science.

実践研究フォーラム

教職大学院におけるスクールリーダー教育に関する構成原理の検討とプログラム開発⑶

第５期実践推進委員会（以下「本委員会」）は，教職大学院がスクールリーダー（以下「ＳＬ」）教育の中心的役割を担うことが期待される状況において，「教職大学院におけるＳＬ教育に関する構成原理の検討とプログラム開発」をミッションとして活動してきた。１年目のフォーラムでは，わが国の大学院，特に教職大学院におけるＳＬ教育の展開過程（研究と実践）のレビュー，全国教職大学院におけるＳＬ教育の提供実態，国内外のＳＬ教育の具体事例に基づき，本委員会が取り組むべき方向性とその内容等について協議した。２年目のフォーラムでは，各教職大学院のＳＬ教育プログラムのデザイン・原理の実態，教職大学院と教育委員会のＳＬ教育の実態，他専門職大学院，特にＭＢＡのリーダー教育の実態に関する調査結果に基づき，「ワンベストシステムではなく，今後，新たに教職大学院を立ち上げる，あるいは現在のＳＬ教育プログラムを改訂（主として後者を想定）する際の『拠り所・参照』となり得るもの」のイメージや内容等について協議した。そこで３年目（最終年）のフォーラムでは，前半は，これまでの活動の成果として，「ＳＬ教育プログラム作成・改訂にあたっての手引き（試案）（以下「手引き」）」の提案（諏訪英広委員長：川崎医療福祉大学），手引きを構成する「ＳＬ教育で育成する知の種類」の提案（大林正史委員：鳴門教育大学）の提案と「ＳＬ教育プログラムに対するアドバイザリー事業（試行）」の報告（大竹晋吾副委員長：福岡教育大学）を行った。そして後半は，福本みちよ委員（東京学芸大学）と川上泰彦委員（兵庫教育大学）の司会のもと，水本徳明会員（同志社女子大学・京都教育大学大学院連合教職実践研究科），加藤崇英会員（茨城大学），菅原至会員（上越教育大学），猿樂隆司氏（福岡県教育委員会）をゲストとするトークセッション形式にて，手引きの有効性や課題，改善の方向性等について幅広くディスカッションを行った。

前記内容とともに，本委員会に与えられたミッションの成果と今後の課題等，さらには，学会としてのＳＬ教育に関する研究や実践の展望等についてどのような議論がなされたのか振り返ってみたい。

実践研究フォーラム

ＳＬ教育で育成する知の種類

鳴門教育大学　大 林 正 史

1　本提案の目的

本委員会は，教職大学院におけるＳＬ教育の質の向上に寄与することを目的に，ＳＬ教育に関する構成原理を考察してきた。この構成原理の一つとして本委員会が提案するものが，「ＳＬ教育で育成する知の種類」（以下「知の種類」）である。「知の種類」は，主に教職大学院がカリキュラムの改定にあたって，一つの参照枠組みとして活用することを想定して作成されたものである。

2　検討の過程

本委員会では，教職大学院でのＳＬ教育の実態調査や，ＳＬ教育に関する先行研究の検討，本委員会や２度の実践研究フォーラムでの議論を通して，「知の種類」を考察してきた。**表**は「知の種類」案である。

質的調査では，「教育経営学を専門とする研究者であり，『教職大学院における』スクールリーダー教育のあり方について専門的な視点からこだわりや問題意識をもっていると思われる教員」は，「教職大学院におけるスクールリーダー教育の意義・独自性を，スクールリーダーとしての『ものの見方や考え方』『理論や哲学，世界観』を養う点に見出していた」ことが明らかになった（髙谷・山本 2021）。関連して，Ａ教職大学院では，「ものの見方や考え方」「理論や哲学，世界観」の内実は，「省察的に学び続ける力」「教育・学校に関する識見」「ミッション」の３つの観点で捉えられていた。

量的調査でも，教職大学院が「ものの見方や考え方，哲学，思想」に関する力量の育成をより重視することの重要性が示唆された（大林 2021）。

実態調査と並行して，ＳＬ教育に関する先行研究を検討した。「知の種類」は，大まかに言えば，学校管理職の職務内容に関する「既存の形式知」と，

表　SL教育で育成する知の種類案※1

大分類	中分類（校長の専門職基準2012が基本）	小分類（校長の専門職基準2012の下位項目が基本）	知の性質	学習観
A. 学校管理職の職務内容に関する知	基準１　学校の共有ビジョンの形成と具体化	情報の収集と現状把握 共有ビジョンの形成、実現、検証、見直し 校長としての学校ビジョン形成	○既存の形式知(曽余田 2004：257頁) ○価値中立が志向される知	コンピテンスアプローチ（金川 2004） ①要素還元主義 ②行動主義 ③文化的・社会的に規定されない普遍性 ④完全習得学習
	基準２　教育活動の質を高める協力体制	（略。校長の専門職基準2012の下位項目と同じ。以下同様。）		
	基準３　教職員の職能開発を支える協力体制	（略）		
	基準４　諸資源の効果的な活用と危機管理	教育活動の質的向上を図るための実態把握 ビジョン実現に必要な諸資源の把握と調達 ＰＤＣＡサイクルに基づく組織の諸活動のリード 危機管理体制のための諸活動のリード		
	基準５　家庭・地域との協働・連携	（略）		
	基準６　倫理規範とリーダーシップ	説得力をもった明確な意思の伝達 法令遵守		
B. 実践知の探究と創造		自己省察と職能成長（校長の専門職基準2012では基準６）		シングルループ学習が中心
		自らが付与した意味を吟味する力 前提を問い直す力 学校経営鑑識力（熟達者が持つ要点を見抜く力）	○認知枠組みの変容 （メタレベルの認知に着目）	反省的学習（金川 2004） ①校長の職務遂行の中核としての意味形成 ②ダブルループ学習 ③経験学習 ④社会的学習（個人の認知は、職場集団の関係性の中で構築）
C. 学校経営者としての価値・規範・哲学	基準６　倫理規範とリーダーシップ	学校の最高責任者としての職業倫理 多様性の尊重	○価値に関する知。「経営実践にとって中心的課題は価値問題」（曽余田 1994：207-208頁）であるため、ＳＬ養成ではこれが特に重要。 ○学校のビジョンや目標づくりに関わる知（小島 2004：402頁）	
	基準７　社会的・文化的要因の理解	国内外の社会・経済・政治・文化的動向の理解 憲法・教育基本法等に基づく学校教育のあり方 自治体の社会・経済・政治・文化的状況の理解 国内外の教育思想についての深い理解		
D. 実践研究力	実践研究力	学校の実態を調査・分析・認識する力 実態を踏まえて学校の目標を精選する力 精選した学校の目標に関する先行研究を収集・読解する力 目標達成のための手段を計画する力 実行した計画の結果を省察し、目標や手段を問い直す力 自らの実践の意味を言語化して先行研究に位置づける力	○「B．実践知の探究と創造」の基盤 ○「A．学校管理職の職務内容に関する既存の形式知」や、「C．学校経営者としての価値・規範・哲学」と相互に作用	

※1　下線部は、2012年の校長の専門職基準から加えた部分。「知の性質」と「学習観」については、A～Dそれぞれの知の性質の違いが明確になるように表現することを試みた。

「知識創造の力」（曽余田 2004：255-257頁）に分けられる。後者は，上述の「ものの見方や考え方」「理論や哲学，世界観」に相当すると考えられた。

ここで，校長に必要な力量は，学校管理職の候補者としてのミドルリーダーの段階から獲得していくことが望ましいと考えられることから，2012年の校長の専門職基準を基に，「知の種類」を作成することにした。

「省察的に学び続ける力」に関して，金川（2004：21頁）は，校長の養成について，「アカデミックな知識や理論以上に，経験的に培った勘やコツ，ノウハウ（暗黙知）や自らの実践を省察する力を専門性の基礎に，個別具体的な状況と対話し，自らの実践の前提を吟味・修正しながら探究的な実践を行う力，つまり反省的実践家としての力に焦点を当てた養成・研修が適切かつ重要」であると指摘している。また，金川（2004：24頁）は，「反省的学習」の想定する校長は，「『自分は‘なぜ’それを行っているのか』を常に問い，状況や他者との対話を通じて自らが付与した意味を絶えず吟味する。そして，新しいニーズに応じてサービスの性質や組織のあり方を変えていく」と述べている。

現在，ＳＬには，自律的学校経営の遂行が求められる一方で，主体的・対話的・深い学びを通して，知識・技能，思考力・判断力・表現力，学びに向かう力・人間性等といった多様な力を児童生徒に獲得させることが求められている。他方で，教職員の働き方改革の実施も求められている。このような環境下では，ＳＬが学校の実態に応じて，当該学校の目的や重視する価値を自律的に精選することを通して，教育活動の組織化を図っていく必要性がますます高まっている。そう考えれば，精選された当該学校の目的や重視する価値を，状況や他者との対話を通して不断に問い直す「ダブルループ学習としての省察の技能」を，教職大学院において，ＳＬに対して意図的・計画的に育成することは学校経営の質や，児童生徒の学習の質を高める上で重要だと考えた。

以上のことから，「前提を問い直す力」や，「自らが付与した意味を吟味する力」を「知の種類」に加えることにした。また，「知の種類」を，大きく「A. 学校管理職の職務内容に関する知」「B. 実践知の探究と創造」「C. 学校経営者としての価値・規範・哲学」の３点に分類できると考えた。

このように作成された「知の種類」案について本委員会で議論した結果，「学校経営鑑識力」と「実践研究力」をこの案に加えることになった。教職大学院に勤務しているある委員の経験では，実習で学校経営の観察を行った際に，学校の実態や，学校経営の要点を見抜くことができる現職院生と，それを見抜くことができない現職院生がいたという。それらを分けている技能を，本委員会では，教育評価論で議論されている「教育的鑑識眼」の概念に着想を得て，「学校経営鑑識力」と呼ぶことにした。「学校経営鑑識力」は，ＳＬが「学校の実態について何をどのように認識するのか」「学校経営の結果について何をどのように省察するか」を規定すると考えられる。よって，この「学校経営鑑識力」は，ＳＬにとって重要な力量の一つになると考えた。

「実践研究力」は，学校経営や教育実践に関するアクションリサーチを遂行する力である。また，この「実践研究力」は，「実践知の探究と創造」を行う力の基盤となる技能であると考えた。

［引用文献］

・大林正史「教職大学院と教育委員会のスクールリーダー育成の特質」『日本教育経営学会紀要』第63号，2021年，187-189頁。
・小島弘道「政策提言―校長の資格・養成と大学院の役割」小島弘道編著『校長の資格・養成と大学院の役割』東信堂，2004年，393-412頁。
・金川舞貴子「反省的実践家を志向した校長養成・研修プログラムに関する一考察―スコットランド校長職資格付与制度（SQH）プログラムに焦点をあてて―」中国四国教育学会『教育学研究ジャーナル』第１号，2004年，21-30頁。
・曽余田浩史「ホジキンソンの教育経営学」岡東壽隆編『スクールリーダーとしての管理職』東洋館出版社，1994年，206-227頁。
・曽余田浩史「学校管理職養成における大学院教育の役割」小島弘道編著『校長の資格・養成と大学院の役割』東信堂，2004年，247-258頁。
・髙谷哲也・山本遼「教職大学院におけるスクールリーダー教育の意義と課題」『日本教育経営学会紀要』第63号，2021年，184-187頁。

実践研究フォーラム

ＳＬ教育プログラムに対する アドバイザリー事業

福岡教育大学　大竹晋吾

1　報告の目的

日本教育経営学会第５期実践推進委員会（以下「本委員会」）の活動目的は，「教職大学院」における「ＳＬ教育の高度化」としていた。本委員会では，これらの教職大学院・ＳＬ教育の高度化を目指し，担当する大学教員の学習機会の場として，アドバイザリー事業を展開することとした。

1) ＳＬ教育のカリキュラム開発等に関する学習機会

2) 教職大学院・大学教員間の連携ネットワーク構築に向けた協議体

日本教育経営学会・実践推進委員会は過去第１期〜第４期に至るまで，一貫してＳＬ教育に対し提案を行ってきたが，但しこれらは学会内に限定されたネットワークを形成していたのかもしれない。各期の議論を外部へ展開するためには，会員外の教職大学院・大学教員とのネットワーク構築は不可欠であると考えた。この点，会員と会員外とのネットワークを構築する目的で，一定の学習機会を展開し，日本教育経営学会が提案するＳＬ教育の高度化について協議するために本事業を展開した。

2　事業の概要

2020年10月以降，４大学の教職大学院（Ａ大学・Ｂ大学・Ｃ大学・Ｄ大学）の協力を得て，本事業を展開した。そこでは，教職大学院におけるＳＬ教育の在り方が変容する中で，根幹となる講義・実習・課題演習を通じたプログラムについて説明をしてもらい，その上で参加者との協議を重ねていった。

①Ａ教職大学院　2020年10月29日(木)11:00〜12:30　遠隔実施

説明者：Ａ教職大学院・大学教員３名　研究者教員／実務家教員

プログラム開発の実践・ミドル層のリーダー人材の育成

②Ｂ教職大学院　2021年１月28日(木)10:30～12:00　遠隔実施
　説明者：Ｂ教職大学院・大学教員４名
　プログラム開発の実践・管理職層（教頭職以上）のリーダー人材の育成
③Ｃ教職大学院　2021年３月26日(金)13:00～14:30　遠隔実施
　説明者：Ｃ教職大学院・大学教員２名　実務家教員
　マネジメント系／教科系リーダー人材の育成
④Ｄ教職大学院　2021年５月14日(金)10:45～12:30　遠隔実施
　説明者：Ｄ教職大学院・大学教員３名　研究者教員／実務家教員
　マネジメント系実習のプログラム・指導・評価

3　アドバイザリー事業を通じて

これらの事業の運営を担った立場から，論点をいくつか指摘する。事業を実施する前段階で，４つの教職大学院の担当者と事前協議を行った。その際に痛感したのは，日本教育経営学会（本会委員のこれまでの委員経験者又は学会員を除いて）の本委員会活動について，ほとんど認知が無いという実態である。Ｃ教職大学院については，過去の実践推進委員会委員との交流があるのみで，それ以降，本委員会の活動についての認知が全く無かった。過去の実践推進委員会の活動に関わった大学教員以外は，本委員会の活動を聴聞する機会が極小的であるため，学会がどのような提案を行ったとしても，教職大学院の大学教員・担当者が提案を理解してもらうことは困難であると感じた。

４つの教職大学院のアドバイザリー事業の各回の参加者は，教職大学院の担当教員，20～30名前後の参加者を得て実施している。複数の教職大学院の事例報告を見聞することで，自校の教職大学院のプログラム開発の実践が相対化されたという意見も多く聞かれた。プログラム内容構成，課題演習・課題研究や実習等に関する説明を聞く中で，自らの教職大学院と近い概念でプログラムが展開している事例や，全く異なる設定の大学院の事例が存在していた。

自校の求めるＳＬ教育とは何か，近似した教職大学院の実践から学習できる知見は確かに存在するものの，一方でそれだけがモデルではなく，遠く存在する独自の実践を進める教職大学院のプログラムからも，自校のプログラム開発を見直す知見を十分に得られたと感じている。

4　学会が担う役割と限界

第１期から第５期の本委員会の課題とは何だったのだろうか。「ＳＬ教育」を研究の対象とし，その中で学会がどのような役割や立場を担うのか，求められる役割は何をもって果たせるのか，それらを模索してきた活動であったと言える(1)。個人的な見解であるが，結論としてはそれらを明確に示すことは未だ途上にあると言う事しかできない。第１・２期の実践推進委員会で提言した「校長の専門職基準」(2)について，その提言を有効に活用できたのか，影響力を持ちえたのかという部分については，課題が山積していると感じている。

ＳＬ教育を高度化するという目的が，日本教育経営学会に求められているのか，この論点については，そもそも求められていないという議論もあるかもしれない。第１期の実践推進委員会の時期から，この議論は始まっており，現段階になってもその役割を担えたとは思えない。

但し，この点については，他の専門職・職業・職種の高度化における「学会」と他団体との関係・ネットワーク構築に目を向けてみると，取り組みの違いは明確である。臨床心理士，社会福祉士，介護福祉士における学会と他学会，団体（資格認定・研修・教育担当等）とネットワークを幅広く構築し，学会が担う調査研究・分析，それらの知見を活用した教育・研修機関のプログラム化，プログラム開発・評価研究を担う関係性，このような連携を通じて「学会」の役割を明確化し，当該職種の高度化（専門職化）を果たしている(3)。課題として残されている論点について，真摯に受け止め今後も活動していきたい。

［注］

(1)　筆者自身，第１期の実践推進委員会から第５期の実践推進委員会に関わらせていただき，過分な学習機会をいただいたと感じている。歴代の実践推進委員会の委員長に改めて謝意を申し上げたい。

(2)　日本教育経営学会「校長の専門職基準〔2009年版―求められる校長像とその力量―」2009年（http://jasea.jp/wp-content/uploads/2016/12/2009_kijun.pdf）。

(3)　臨床心理士関連学会・協会は多数あり，①公益財団法人日本臨床心理士資格認定協会（資格），②一般社団法人日本臨床心理士会（協会），③日本臨床心理士養成大学院協議会（大学団体），④一般社団法人日本心理学諸学連合（関連他学会）等をHP 掲載している（一般社団法人日本心理臨床学会 https://www.ajcp.info/）。社会福祉士の学会である一般社団法人日本社会福祉学会も，①学術団体（日本社会福祉系学会連合，②職能団体（公益社団法人日本社会福祉士会），③養成校等，④官庁等，関連団体を掲載している（一般社団法人日本社会福祉学会 https://www.jssw.jp/link/）。

※ウェブサイトの最終アクセス日は，いずれも2022年1月22日である。

実践研究フォーラム

総　括

兵庫教育大学　川上泰彦

当日は，オンライン開催という条件も考慮し，ゲスト４名と司会を中心とするトークセッションを実施した。ゲストは水本徳明会員（同志社女子大学・京都教育大学大学院連合教職実践研究科），加藤崇英会員（茨城大学），菅原至会員（上越教育大学），猿樂隆司氏（福岡県教育委員会）の各氏であった。ＳＬ教育やＳＬの任用等にかかるそれぞれの立場・経験から，実践推進委員会の提案に関する意見交換が行われた。

まずゲストからは，実践知を生成・蓄積し続ける（不断の振り返りと改善を志向する）学校づくりを進める観点から，ＳＬ（とその学校）に「実践研究力」が求められること，またＳＬには自身の経験や実践を相対化して（これまでの経験等で得た「思い込み」を捨てて），自分の目と頭で状況を捉え（解釈し），分析することが求められる点から「学校経営鑑識力」が重要であることが指摘され，本委員会の提案に対しての期待が語られた。また，これらの能力は，現状の教員育成指標等において管理職に求められている「学校のビジョン構築」や「教育活動に関するマネジメント」といった項目に接合した内容を持っており，実際に，昨今の不確実な状況下において適切な学校経営を展開する（柔軟に構想し，機動的に実施し，短いサイクルでの的確な修正を図る）中では，特にこれらの力が問われているといった点が指摘された。

次に，そうした研究実践力や学校経営鑑識力を開発するための方法についても意見交換が行われた。まずＳＬ教育のあり方自体が，ＳＬ観（ＳＬの仕事をどのようなものと見るか）に影響されるということが確認された。これは，学校経営の実践可能性を幅広く捉え，その実現を志向するＳＬ観のもとにおいて，はじめて実践研究力や学校経営鑑識力につながるようなＳＬ教育に意義が生じるということを意味している。したがって，学びの志向を具体的（場合によっては表層的）な知識や情報の習得に終始させないためにも，多様なものの見方を獲得し，学校のありように関する可能性を幅広く認識することについて，重要性を感じられるようなＳＬ像の獲得・共有が重要であるということが語られた。

続けて，教職大学院という枠組みを活用したＳＬ教育について，その良さと難しさが語られた。学校経営鑑識力につながるようなプログラムを大学院教育においてどう展開しているのかについては，これまでの教育実践を学校経営に接続して俯瞰する機会や，学校の状況を見取ったり・読み取ったりする機会の提供を意識したプログラムの展開が報告され，情報交換が行われた。

一方で，教職大学院におけるＳＬ教育の展開に関しては，教職大学院の制度が求めている共通的な教育内容が一種の制約となってしまい，ＳＬ育成に特化した教育活動が展開しづらいという難しさが語られる一方で，幅広い学びが学校経営の捉えを広げる契機となる可能性もあり，間接的な効果が期待されるという点も指摘された。特に，学校の諸活動について課題意識を問い直し，状況を捉え直すといった内省的検討を進める上では，理論や概念に関する学びも重要であるほか，認識の変化を促すという関係上，ある程度ＳＬ教育には長い時間を要するという点も共有された。学校の見え方のリフレーミング（認知・認識の枠組みの変化）の経験は，前提を問い直す力につながり，結果的に学校経営鑑識力の伸長に結びつくであろうという点については意見が一致し，そうした幅広い問い直しに資するような形で，幅広い学びの提供が必要であるという意見交換が行われた。

またこれに関連して，教職大学院に対する地域の教育界・教育行政からの要望としては，政策動向への対応や，そうした関心に基づく知見の提供などが中心的になりがちである状況が指摘された。大学（教職大学院）にかかるステークホルダーの関心・要望に応えることをどうしても重視しがちな状況下で，中長期的な力量形成の取り組みや，ＳＬ教育としての特色化を図るような検討を進めることが難しい，という一種の悩みも語られた。教職大学院を取り巻く多様な状況の中で，それぞれのＳＬ教育が推進されており，ＳＬ教育の改善・充実についても，そうした個々の状況を前提にする必要性を改めて認識することとなった。

こうしたＳＬ教育の状況の多様性については，本委員会によるアドバイザリー事業においても実感されたものであった。本委員からは，先に挙げたような具体的・実務的な学習成果がどれくらい志向され，一方で認識の幅を広げ，学校経営鑑識力のような能力伸長がどれくらい志向されているのかについては，各大学院により多様であることが指摘された。そしてこの多様性については，教育プログラムの（提供側の）要素だけではなく，どういったキャリア段階の現職院生が（派遣等の形で）修学しているかという要素も関わっていることが指摘された。さらに，実践研究力や学校経営鑑識力といった能力の重要性の一方で，それらはどうやると伸長するのか（ＳＬ教育の中でどの程度カバーできるか），その到達度はどのように評価するか（評価できるか）といった，プログラムを実施する上での課題点も共有された。

上記の課題点を踏まえつつも，実践研究力や学校経営鑑識力についての着目・分析への期待とあわせて，ビジョンを持ったＳＬを増やすべく，ＳＬ教育におけるカリキュラム化への期待が語られた。また学会において研究を蓄積することが，ＳＬ教育における「枠組みの捉え直し」を促すような知見や資料の蓄積につながるとして，学会として研究活動を活性化させ，その成果がＳＬ教育に活かされるような関係性を構築することが重要であることが指摘された。

実践研究フォーラム

3年間の活動を振り返って

川崎医療福祉大学　諏訪英広

この3年間，本委員会に課せられたミッション「教職大学院におけるＳＬ教育に関する構成原理の検討とプログラム開発」の達成に向けて，教職大学院をめぐる状況の理解と実態把握，ミッションの核となるＳＬ教育に関する構成原理の探求，ＳＬ教育プログラムの具体的提案について調査，協議，開発，試行を進めてきた。多様な議論を経て，緻密な研究レビューによる4つの視点（対象としているＳＬの対象の明確化，ＳＬを養成するために必要なカリキュラムのコンテンツの整理，カリキュラムの方法論部分の吟味と構造化，アウトカムの整理）の析出とそれらを反映させた知の種類とアドバイザリー事業から成る「手引き（試案）」を完成させることができた。そして，この作業は，多様な教職大学院の現実を想定し，新規立ち上げやプログラムの改訂に際してのワンベストではない参照枠組みとなり得るかという問い直しのプロセスであった。

手引き（試案）は，あくまでも本委員会の3年間の活動の成果物であり，学会としてオーソライズされたものではないが，ＳＬ教育やそれに連動する学校経営等に関する研究や実践の発展に多少なりの貢献ができたのではないかと考える。それでもなお，本委員会が見落としている視座等もあるだろう。学会内外からの批正をいただくとともに，今後のＳＬ教育のあり方について，多様な関係者による知の交差と集積の契機となるようならば幸いである。

最後に，本委員会へのご協力・支援をくださった方々に深謝申し上げたい。

書　評

■書評■

古田雄一著

『現代アメリカ貧困地域の市民性教育改革 ―教室・学校・地域の連関の創造―』

（東信堂　2021年）

静岡文化芸術大学　倉本哲男

本著の内容は，筆者の古田雄一先生が2019年に筑波大学大学院人間総合科学研究科に提出した博士論文「現代アメリカ貧困地域における市民性教育改革の研究―教室・学校・地域の連関構造の重要性に注目して―」に加筆修正をした貴重な研究成果による。僭越ではあるが，本著に対する書評をさせて頂く。

これまでの日本教育経営学会の主たる論調は，教育法制度・行財政論，教育社会学等を前提とした学校マネジメント論にあるかと理解している。

ここで，本著の最大の特徴とは，これらの学問領域の成果を踏まえつつ，更には教育方法学（社会科教育学・公民教育学を含む），及び，カリキュラム学をも念頭においた，包括的・俯瞰的な教科教育（授業／カリキュラム開発）論，学校マネジメント論，及び，社会教育論に焦点化した論調にあると解釈した。（あとがきで，『本研究は，ある特定の学問領域やディシプリンの中に必ずしも明確に位置づくものではない。』とあるが，真の意味で，現実の教育実践の重層性・多様性を論じるためには，必然的に『諸学問の系譜』の融合・複合性は回避できないと考えられ，書評者は，本著の論調に同意するものである。）

換言すれば本著の論調は，後述する学校組織，及び，コミュニティーレベルのカリキュラムマネジメント構造論に類似するものと総括できよう。

近年，学校教育のカリキュラムマネジメント研究において，一定の教育目標の下に開発されたカリキュラム内容・方法論が，その学習主体者である生徒に関して「如何なる教育効果を上げるのか」等の教育方法学的な側面と、カリキュラム作成・経営者に関する条件整備・組織運営の要素も含めた「カリキュラムを誰が創り，どう動かすのか（マネジメントするのか）」等の教育経営学的な側面との双方を包含する「融合的な研究領域」が重要視されつつある。

本著の場合、「現代アメリカ貧困地域の市民性教育改革（Citizenship Education, Civic Education 等）」の政策レベル，それを推進する学校レベルの授業実践において，そのカリキュラムの開発・経営（マネジメント）が，アメリカ貧困地域の生徒に対して如何なる市民性育成の効果を持ち得るのか，その態様を究明することを命題としている。特に，アメリカの市民性教育改革の特徴を論じるアプローチとして，教室（社会科教育），学校全体，及び，コミュニティー改善の三重構造の連関性から，理論的・実践的な全体構造の解明を図っている点に，まず何よりも感銘を受けた。

なお，本著の「研究の課題と方法」の概要は，現代アメリカの市民性教育の範域や連関性を明らかにし，それを捉える理論的枠組みを構築し【課題１】，その問題状況を子どもの日常的経験の連関性に着目して背景構造を明らかにする【課題２】。更に，貧困地域で展開される市民性教育改革の特徴を，教室・学校・地域の連関性に注目して明らかにした上で【課題３】，本研究テーマの構造と特質を明らかにする【課題４】と整理できよう。

そこで，第１部では，アメリカの市民性教育改革を把握する理論的枠組みを構築し，教室・学校・地域に連関する市民性教育の概念整理を試みている。その典型例として，「図１－１現代アメリカの市民性教育の範疇と連関性」（43頁）は学的提案性があるものと高く評価できる。

次に，第２部では，上述の理論的枠組みを援用し，貧困地域に特化してナラティブ・エスノグラフィー的手法を援用した調査・分析を重ね，その実態を質的に実証しようとした点においても納得がいくものであった。また，その検証過程においては，関連する理論研究を再整理しつつ，質的研究の最大の課題である「恣意性の除去」に努めた方法論についても一定の理解ができた。例えば「図２－１貧困地域の子どもに内面化される『市民』像の連関構造」（66頁）等は，実にきめ細かな整理が行き届いている（実証フレームワークが提起されている）と言えよう。

更に，第３部と第４部では，現代アメリカ貧困地域の市民性の社会構造が，如何なるプロセスでつくられてしまったのか，その分析においては，まず1990年代以降の政策的動向を前提として，本研究課題に対して「臨場感があるマクロな研究姿勢」で臨んだことが功を奏していると考察した。

よって書評者は，既述の構造を踏まえ，教室・学校・コミュニティーレベルのカリキュラムマネジメント論の視点から，本著の研究価値の再整理を試みる。

そもそもカリキュラムマネジメント論の構造とは，それを簡略化する場合，1次円（生徒への教育効果等），2次円（教員の職能開発，学校内組織開発，学校文化の醸成等），3次円（学校外組織との協働によるコミュニティー開発等）の重層レンズを通した教室・学校・コミュニティー改善論として総括できる。

本著の場合，「課題1～3を踏まえ，現代アメリカの貧困地域における市民性教育改革の構造と特質を明らかにする」研究目的を詳細に論じる意味で，既述のように教室・学校・コミュニティーアプローチの理論的枠組みを構築することにより，その研究対象を具体化している。更に，市民性・公民教育論の領域では典型的・効果的なカリキュラム開発論であるService-Learningを分析概念に設定し，上述の研究対象の一断面を論じる研究手法・研究構造は特筆に値する。つまり，「市民性教育改革の構造と特質を明らかにする」研究目的を達成しており，重要な示唆を得ることに成功していると積極的に評価できよう。

ただし，一方では研究の残余部分・研究課題も指摘できる。

第一に，「現代アメリカ貧困地域」の理論的整理についてである。やはり，アメリカの貧困地域を論じるのであれば，人種分離（Segregation）・人種間格差の問題は避けて通ることができない。かつての「分離すれども平等に（Separate but Equal, 1896）」，それを違憲とした「ブラウン判決（1954）」，「人種統合（Desegregation）」を意図した強制的バス通学の失敗，そして「公民権運動（Civil Rights Movement）」の高まり，及び，Affirmative Actionによる「教育の機会均等の是非論」等，本領域の検討事項は枚挙に暇がない。特にこのことは，近年のBLM (Black Lives Matter) 動向からも明らかである。本著におけるマイノリティー教育論は一定程度，踏まえているものの，「現代アメリカ貧困地域の市民性」の観点からは，より念頭におくべきではないかと思えた。

第二に，他学会では，「民主主義」「国家の現状と課題」の視点から「市民性教育の在り方」等の各概念の関係性を論じる傾向にあり，そもそも「市民性教育論とは一体，何なのか？」について議論する必要性から，海外のCurriculum Development/Design論，Curriculum Management論も注目されつつある。

第三に，教室・学校・コミュニティーの連関構造の重要性に注目したアプローチには，もちろん，既述のように賛同するが，「本研究は，ある特定の学問領域やディシプリンの中に必ずしも明確に位置づくものではない」ことの意義・重要性は，「諸刃の剣」と捉えられる場合もあり，今後の研究発展上の課題として再整理をしつつ，それと対峙することになるであろうと拝察する。（よって心から敬意を表する。）

何事にも「成果と課題」があることは当然であるが，以上の視点から，本著は，あくまでも1次円のコンテンツ促進（アメリカ貧困地域の市民性教育）を重要事項・検討課題として位置づけた上で，それを支援する2次円・3次円のシステム構築論の構造を，理論的・実証的に論じている点に優れた特徴があると総括できよう。本著の審査を拝命し，大いに知的刺激を受ける学術的研究書であった。重ねて感謝を述べたい。

■書評■

榎景子著

『現代アメリカ学校再編政策と「地域再生」―学校統廃合か，地域と教育の刷新か―』

（学文社　2020年）

沖縄国際大学　照屋翔大

本書は，著者の学位論文「現代米国都市部における学校再編政策の特質と課題に関する研究―『地域再生』との連関に焦点を当てて―」を加筆修正し刊行された図書である。タイトルにある学校再編政策は，「学校の閉鎖・統合・再配置・組織再編のいずれか，ないし複数が，学区内の複数校に適用され，場合によっては新たな学校の設置を伴う政策」（10頁）を意味している。

著者は，学校再編の動向が，とりわけ社会文化的・経済的な側面で弱い立場に置かれた住民が多く居住する都市部の貧困地域において，地域再生の名のもとに，他の行政施策や制度との複合的かつ相互影響関係下で展開していることに着目し，その政治力学を明らかにしようとする。学校教育をめぐる課題を教育領域だけの課題として捉えるのではなく，空間を共有する他領域と一体となった地域の総体的課題として位置づけることが，本書の意図であり試みである。ただ，これは評者の力不足による部分が大きいのだが，本書の副題に示された「学校統廃合か，地域と教育の刷新か」の真意をつかむことはできなかった。

本書は3部構成（終章を含み全8章）でなる。第Ⅰ部（1章，2章，補章）は，続く第Ⅱ・Ⅲ部で扱う事例を分析する上での理論枠組みを提示している。第Ⅱ部（3章，4章）はカリフォルニア州オークランド統合学区（以下，「OUSD」），第Ⅲ部（5章，6章）はイリノイ州シカゴ学区（以下，「CPS」）の各事例について，学校再編政策がどのような意図のもとで形成・実施され，その過程に地域住民がどうかかわってきたのかを分析している。具体的には，生活空間の解体を迫る政策展開の過程で，児童生徒の学びや発達を守るべく大人たちが社会変革の担い手としてエンパワーメントされるという動態が丁寧に描かれている。このような事例分析では，ともすれば，政策形成・実施サイドと住民サイドを意識的／無意識的に区分し，どちらか一方の立場からの記述や政策の効果分析に陥りやすい。しかし本書は，「住民も潜在的には政策形成の主体になりうる」（20頁）という立場から，「出し手（行政）／受け手（住民）」という単純な構図は採用せず，その相互影響関係を積極的に読み解こうとしている。以下，各章の概要を整理する。紙幅の都合から，第１章（課題設定，目的等が述べられている）と終章（研究の総括）は割愛させていただく。

第２章は，ポートフォリオ・マネジメントモデル（以下，「PMM」）を分析している。PMM は学校を個別に改革の対象とはせず「所管学校群全体のなかに位置づけながら，教育行政が主導して児童生徒の教育ニーズ等を全体で満たせるよう学校の改善支援と再編」（29頁）をねらう学校管理スキームである。

補章は，教育哲学者ケネス・ストライクの理論分析から「スモールスクール」の特徴を明らかにしている。スモールスクールは，学校規模の小規模化だけを意味するのではない。小規模な学校集団を構造的前提としながら，学校を「教育的コミュニティ」へと変革させる性質のものであり，より良い次世代社会の更新に向けた民主的なガバナンスを希求するものとして分析されている。

第３章は，OUSD でのコミュニティ・オーガナイジングを通じた学校再編政策の形成過程を分析している。コミュニティ・オーガナイジングは，貧困層の人間関係構築や能力の発達を支援し，住民自らが問題発見・解決に向かう力を引き出す活動である。本章では，そこでの「学び」を通じて，貧困地域の住民らが学区内に偏在する構造的不平等と教育環境の格差について気づき，その解決のために学校再編政策の提言に至ったプロセスが明らかにされている。

第４章は，OUSD における PMM に基づく学校再編政策の実施過程の特徴を明らかにしている。当該学区は，個別学校の課題解決支援から学区全体における資源と教育ニーズの総合調整へと改善支援の性格を改めると同時に，「教育の土台である地域との関係性を重視」（242頁）し，学区「事務局のパターナリスティックな介入を避け」（同上）ようとしたことを特徴として析出している。

第５章は，首長直轄管理下で進められた学校再編政策「ルネサンス2010」に着目する。PMM に基づく学校再編政策が，グローバル化を目指す都市再開発の一部に組み込まれ，貧困層の立ち退きと中・上流階層の流入により都市空間の変容を促す「ジェントリフィケーション」の道具とされた過程が描かれる。上述の OUSD による PMM の活用例と比較すると，CPS の事例は「教育的価値」より「経済的価値が優先され」（250頁），「一定の地理的範域内の『失敗校』を一掃して地域と乖離した新校を設置することにより，地域空間そのものをコントロールしようとする動き」（同上）であったことが明らかにされた。

第6章は，そのような行政側の企てに対する異議申し立て，つまり「『生徒・学校の発達』と『地域・社会の発展』」（187頁）の同時達成を目指す住民側の動向を分析し，市と学校との間に位置する住民自治の重要性を指摘する。

以上のように，両事例には，① PMM の採用，②スモールスクールへの再編，③コミュニティ・オーガナイジングを通じた地域住民のエンパワーメント等，いくつかの共通点が存在する。しかし，実際の政策形成・実施のプロセスやそこに込められた意図には違いがみられたという発見は，非常に示唆的である。

評者の関心から本書の意義を述べるならば，それは，構造的そして機能的にも州と学校の間に位置する「学区」というアメリカの教育制度特有の中間組織が持つ存在意義とその現代的な役割を明らかにした点である。特に PMM という学校管理手法が，理論的には，個別学校の自律性の尊重と学区全体での資源配分の最適化とコスト管理を通じた学校群としての教育成果の底上げの同時達成を実現しうるとして捉えられ，採用されていることは新たな発見であった。

さて，著者は本研究を「教育制度空間論」（252頁）へ展開することを今後の展望として述べている。この点を踏まえつつ，最後に若干の論点を提示したい。

第一は，学校再編をめぐる教育領域内での相互影響関係への再着目である。学校再編が貧困と学習到達度の低さを特徴にする地域や学校をターゲットにしたという事実を踏まえるならば，教育領域内における多層的な政策も学校再編政策と一体的に展開していたのではないか。確かに本書の関心は，これまで十分に対象化されてこなかったソト（他の政策領域）との関係を描き出すことにある。しかし，ウチ（教育領域）における政策展開もまた，地域という共有空間では相互影響関係を作り出すものと推察される。システミック・リフォームやネットワーク理論に基づく学校改善の例も複層的・複合的な視角に支えられており，本書に通底する部分は多いように思う。教育経営学におけるこれらの先行研究や実践を参照することで，本書の知見はさらに深まると考える。

第二は，この間の NCLB 法から ESSA 法へという連邦教育法制の変化や政権交代による社会・政治の情勢変化が，貧困層にある子どもたちの学びと生活そしてそれを支える学校と学区にどのような影響をもたらしたかの解明である。著者も改革の持続性が重要であることを述べている。では，かかる変化はどのような帰結をもたらすのか。本書に続く研究成果として期待している。

■書評■

山下絢著

『学校選択制の政策評価―教育における選択と競争の魅惑―』

（勁草書房　2021年）

玉川大学　湯藤定宗

本書は，第4・5章の書き下ろしを除き，日本教育行政学会等の隣接学会紀要に掲載された査読論文により構成された，先行研究の丁寧なレビューを含めて学校選択制に関して体系的にまとめられた労作である。本書の目的は，「日本における義務教育段階の学校選択制の実態と課題を実証的に明らかにする」（ｉ頁）ことである。また主眼は，「学校選択制をめぐる先行研究における論点を踏まえた上で，概念や理論を手がかりとして，調査データに基づいたデータの分析を通じて，学校選択制に関する実証的研究の知見を体系的に提示すること」（173頁）とある。以下では，内容（主に各章の目的と分析結果）の紹介と学術的な価値を含めた当該テーマの研究上の位置づけを中心に論じる。

序章では，主として目的と背景，本書の意義と問いについて書かれている。意義に関しては，第一に定量的なエビデンスの提示，第二に伝統的な多変量解析ではなく多項ロジットモデルやマルチレベルモデル分析の採用，第三に児童生徒と教師の両方の視点からの検討を行うことの有意義性が示されている。

第1章では，保護者の学校選択行動を対象に，教育需要における保護者の社会経済的地位及び教育意識の影響を定量的に明らかにすることを目的としている。結論として，学校選択を行う保護者の特徴としての学歴や教育アスピレーションの高さを確認し，「教育サービスにおける享受の不平等の改善が促進される」（28頁）ことの困難性についても指摘している。

第2章では，学校選択制下における児童生徒の集団構成上の特性に関して定量的に明らかにすることを目的としている。分析の結果，中学校では統計的に有意ではなかったが，「小学校では，希望申請者数の割合の高低によって，在籍している児童の特性に相違が確認された」（46頁）。このことは，つまり，教育熱心な家庭の児童が人気のある学校に集まっていることを示している。

第3章では，「学校選択制下におけるソーシャル・キャピタルの実態を定量的に明らかにする」（49頁）ことを目的にしている。分析の結果，小学校において学校選択を行った保護者に関して，部分的にではあるが，責任感の点でソーシャル・キャピタルが醸成されていたことを明らかにした。

第4章では，「教師の視点から，学校選択制下における関係的信頼の実態を定量的に検討する」（67頁）ことを目的としている。分析結果から，小学校においては希望申請割合の高低が関係的信頼に及ぼす明確な影響は確認されなかった。一方で，中学校では関係的信頼が醸成しづらい結果となった。

第5章では，学校選択制下の学校に勤務する教師の職務満足度に関する定量的検討を目的としている。分析の結果，小学校では教師の職務満足度にマイナスの影響を及ぼしている要因として，学校選択の希望申請割合の低さが指摘されている。また，中学校では学校選択における申請割合の高低に関係なく，教師の職務満足度にマイナスの影響を与えていることも明らかになった。

第6章では，第一にニューヨーク市におけるチャータースクールの制度概要と実態の解明，第二に学力テストの結果に基づくチャータースクールの成果の検討，第三にチャータースクールをめぐるトレードオフ（trade-off）の検討を目的としている。紙幅の都合上，第二のチャータースクールの成果に関してのみ紹介すると，先行研究をもとに導かれた結論は，「家庭背景や親の教育熱心さを統制した上でも，チャータースクールに入学した児童生徒は，チャータースクールへの入学を希望したものの入学できなかった児童生徒と比較して，学力テストの得点が高いことが示されている」（113頁）という事実であった。

終章では，上記の各章で得られた知見のまとめと含意，及び研究課題が述べられている。含意において言及されているように，学校選択制の政策上の論点については，「教育費政策の基調が受給サイドを重視していることを踏まえれば，決して過去の政策の検証というわけではなく，近年の教育政策を議論する上での主要な論点の検証と言える。（中略）学校選択の選択肢が公立学校に限定されず，未踏の地であった私立学校にまで拡大しつつある中では，本書が検討してきた公立学校に限定されている学校選択制の課題が，より一層顕在化することを示唆している」（131頁）という指摘は，日本の公教育（私立学校を含めた）の在り方についての一定の方向性を示していると考えることができる。つまり，上記の指摘は，日本全体として，そして各自治体が，教育格差の是正に向けて如何なる教育政策を展開すべきかを検討する際の示唆を本書が与えてくれていると理解することができる。

次に，学術的な価値を含めた当該テーマの研究上の位置づけについて，私見を述べる。本書では，学校選択制の是非を巡る論点として従来から指摘されていた「均質化と差異化のメカニズム」（16頁）や「クリーム・スキミング」（34頁）について，定量的な分析により小学校において教育熱心な家庭の児童が人気のある学校に集まっている事実を明らかにした点に学術的な価値を見いだすことができる。ただし，「学校選択制の導入の帰結として『学校間格差の拡大や序列化が起きている』と必ずしも結論づけることはできない」（46頁）と筆者も指摘しているように，第2章で明らかになった知見が，学校選択制導入によるものなのか否かはさらなる分析が必要である。

また，学校選択制下における教育行政による支援に関しては，学校選択時の希望申請割合が低い学校に対する支援がより必要と考えられがちである。しかし，第5章で示されたように，特に中学校においては希望申請割合の高低に関わらず，職場環境の改善が必要という指摘は，教師の視点も取り入れた本書による知見であり，この点においても学術的な価値を見いだすことができる。

加えて，第6章においてチャータースクールを事例として言及されているトレードオフに関する知見についても，アメリカの歴史的事実としての人種分離・隔離と公正性追求の課題等を示しつつ，アメリカにおいて超党派的な支持を受けているチャータースクールでさえ，トレードオフのジレンマを有している事実を端的に指摘している。さらに，近年重要視されているエビデンスに基づく政策形成に関して，経済学の立場から行われているチャータースクールのインパクト評価に関する研究状況については，今後の日本における学校選択制度を含めた教育政策を検討する際の重要な視点を提示してくれている。

最後に，当該テーマの研究上の本書の位置づけであるが，学校選択制に関する定量的なエビデンスが示されている点において極めて貴重な研究であることは間違いない。加えて，筆者により提示されている「残された研究課題」（132-133頁）のさらなる解明により，学校選択制を含めた教育格差是正政策に関して，エビデンスに基づく政策評価を強く期待したい。

■書評■

川上泰彦編著

『教員の職場適応と職能形成ー教員縦断調査の分析とフィードバックー』

（ジアース教育新社　2021年）

上越教育大学　安藤知子

本書は，「教員の勤務環境とその変化が職能成長に及ぼす諸影響の解明と実践的対応策の検討」（基盤研究（C），2014—2016年），「教員縦断調査による教員の職場適応・職能形成の構造分析と実践的示唆の提示」（基盤研究（B），2017—2020年），「5年目教員に対するフォローアップ調査を通じた，教員人事異動の機能性に関する研究」（挑戦的研究（萌芽），2017—2020年）という，3つの科学研究費補助金研究の成果をまとめたものである。

特に，日本における教員の人事異動システムの特殊性に着目し，このことが教員の職能成長とどのような関わり方をしているかを探ることに研究関心を焦点づけている。また，この研究関心にアプローチする方法として，同一回答者に長期にわたり複数回の調査に協力してもらって収集するパネルデータを活用し，一時点の調査データでは十分に迫ることができない“観察されない異質性”の問題を解消する分析方法を試みている。当然に，長期にわたり個人に紐づけられたデータを収集するためには，調査協力者はもちろん，任命権者の理解と協力が不可欠となる。本書では，この問題に対して，丁寧な調査趣旨の説明と信頼関係の醸成，調査結果の迅速なフィードバックといった教育委員会との関わりを構築しながら取り組み，このような連携協力の在り方についても研究対象としている。

内容構成は，執筆者個々人の研究関心を活かした分担執筆であるが，それぞれの章で教員の職場適応と職能開発に戻って考察するという形で，一本の筋が通った研究としてまとめられている。全体としては，「序論部」，「第1部：初任期教員の適応と健康・力量形成」，「第2部：流動的な職場における適応・力量性」，「第3部：パネルデータの収集・分析・活用」，補論，終章で構成されており，全16章構成である。

本書で特筆すべきポイントは2点ある。一つは“観察されない異質性”を考慮に入れた統計分析と考察を可能にするパネル調査の意義であり，もう一つは，日本型人事異動システムゆえの組織社会化への着目である。

“観察されない異質性”とは，そもそも個人が持っている特性による結果への影響を統制できないという問題である。一時点での横断的調査で得られた結果から，例えば「ある習慣や特性がストレスの抑制に有効であるという分析結果が得られたとしても，それが『もともとストレスに強い教員』の持つ習慣や特性なのか，それともその習慣や特性の獲得によって『教員がストレスに強くなった』のかが判別できないという限界」（85頁）がある。一時点の調査分析では，個人内での時間や様々な要因の影響による変化を析出することができないので，何がどのように変化に影響するのかを探るためには，継続的な同質のデータを収集しなければならないということである。

教員の働き方改革やメンタルヘルス，職能成長といった課題は，「影響関係」ではなく「変化」を摑まなければ実践に対して有益な知見を提供しがたい。しかし，個人の特定が可能になってしまうがゆえにパネルデータの収集には困難も伴い，このような研究はなかなか展開できずに来た。本書では，この問題に踏み込み，教育委員会との信頼関係を構築するところから調査設計を検討し，複数の自治体で継続的にまとまったデータ収集を実現している。そして，このような縦断調査から，例えば，教員の勤務実態について，1日の在校時間が10～12時間の区間で心身の健康への悪影響が顕著になること，1月の休日出勤数では2日と3日の間，6日と7日の間にそれぞれ健康状態の悪化への影響の段差があることなどを明らかにしている（107頁）。

また，組織社会化は，職業人の社会化プロセスを考える際に，その職業への適応と，職業を担ううえで属している組織・職場の一員としての適応を区別して捉えようとする概念である。教員の場合で言えば，教員特有の価値観や職業倫理を内面化し，教員らしい振る舞い方を身につけていくような適応と，所属することになった学校組織のメンバーとして，その教職員集団特有の考え方や行動様式に適応していくような社会化とを区別して捉えることが重要であることを指摘する。教員は，入職時点のみでなく，勤務校を変えるたびに新たな組織への参入を求められる。この組織社会化の達成と職業的社会化の達成が同時発展的に展開するわけではない。特に，本書で扱うように，組織の環境条件が職場適応や職能開発に大きく影響するのだとすれば，組織社会化を促進する制度的，個人的戦略に着目することは重要である。この点は実践者へフィードバックするべき重要な知見であるといえよう。

以上のように，実証的データを集積していく研究としての価値を十分理解したうえで，1点議論するならば，本研究によって迫ろうとする“事実＝リアル”とはどのようなものであったのかを問いたい。調査内容そのものである教員の職場適応と職能開発について，最大の新たな発見は何であったのか。各章で扱われる要因，項目等がとても細かく，網羅的に複数の要因間の複雑な関連性，影響関係等を描き出そうとする分析となっている。それは，職場適応や職能成長，心身の健康意識の変化に何がどのように影響するのか，その影響はどれくらいの量で「影響する」と言いうる境目となるのかなど，詳細な事実に迫ることに研究関心が焦点づけられているゆえであると理解はできる。しかし，その結果，経験的にイメージできる考察は納得しつつもあまり新規性が感じられず，反面，数値のみではイメージしにくい結果となった部分では，読者としてはよりいっそう範囲限定的な解釈に囚われてしまったりした。

質問紙調査が，社会的な事象を抽象的にカテゴリー化して量的に測定し，全体的な“事実”を鳥瞰しようとする研究方法であると考えるならば，細かく要素分解を進めて事実に迫ろうとする志向性は，いずれ自己矛盾に陥るのではないだろうか。パネルデータの集積によって掴もうとする実態や真実は，具体と抽象のグラデーションの中のどのレベルのものなのだろうか。リアルに迫ろうとする数式上の分析モデルの意義と，調査結果から導かれる実践的示唆の重要性とを天秤にかけながら研究の目的を設定し，その目的に即した考察とフィードバックを目指さなければいけないのではないか，と考えた。

組織社会化という，職業的社会化のみでは語れないプロセスが同時に進行する日本の教員の職場適応問題に対して，丁寧に収集したパネルデータをもってその問題発生の機序を説明しようとした試み自体は重要であり，その研究知見も多く注目すべき成果を示している。実証的エビデンスをもって職場適応や職能開発を語りたいと考える研究者や実践者には必読の書といえる。しかし，再び上述の議論に戻るならば，何を実態や真実と考えるか，それにどうアプローチしようとするか（科学的合理性をもってエビデンスと捉えるか，間主観的解釈の世界にこそ妥当性があると捉えるか）によって，本書の有用性の評価はまた異なって見えるかもしれないと思うのである。

■書評■

篠原清昭・大野裕己編著

『Withコロナの新しい学校経営様式 ―ニューノーマルな教育システムの展望―』

（ジダイ社　2020年）

大阪公立大学　辻野けんま

COVID-19（新型コロナウイルス感染症）による災禍（以下，「コロナ禍」と略す）は，日本において2020年3月から深刻化し，全国一斉休校と新学期への突入，さらには緊急事態宣言，長期休校からの学校再開など，同年度上半期に目まぐるしい展開を見せた。コロナ禍の現実から新たな学校経営様式をとらえる類書がいまだ世に見られない時期に本書は構想され執筆された。執筆陣の多くが籍を置く大学現場さえも混乱した時期に本書が公刊されたことの意義は，まず特筆されるべきものであろう。

本書は全9章に終章を加える構成をとり，各章が扱うテーマ群は以下のとおりである（以下（　）の数字は各章を指す)。⑴新型コロナ対応の教育政策，⑵学校経営の課題，⑶新しい学校経営論，⑷新しい校内組織運営，⑸新しい社会との協働，⑹新しいカリキュラムマネジメント，⑺新しい生徒指導，⑻新しい授業運営，⑼新しい特別支援教育，（終）アフターコロナの新しい就学様式。教育政策から教育実践までの広範なテーマ群が扱われている。これは学校経営のテキストや関連書において多く見られる特徴だが，平時には組織や制度，政策がどうしても抽象論に映りがちなのに対して，コロナ禍の非常時においてはこれらが緊張感をともなうリアリズムを呈している。

「休業期間中，多くの学校は錯綜した。『上』（国や地方自治体）からの指示は朝令暮改，『横』（隣の学校）を見ても参考とはならず，『前』には新型コロナの感染を恐れわが子の生命安全を求める保護者がいた」（27-28頁）――これは⑵における編著者・篠原清昭氏の記述である。本書による「Withコロナ」の学校経営様式は，まさにこうした情勢のなかで提起されたのである。こうして見ると，一見平板にも映る章構成がひとつひとつ「Withコロナ」の状況から（再）検討されていることが実に興味深い。

各章はいずれも当該テーマを専門とする研究者によって執筆されているが，第８章のみは教育委員会事務局の管理職の手による。この時期の教育行政実務者による執筆は，研究者以上に多忙を極めたのではないだろうか。各専門家の手による各章は，一般読者や初学者にも分かりやすく書かれている点も，本書の特徴と言える。学校経営を扱う書が多くの市民の手にとられるわけではない状況がある中，非常時の五里霧中の境遇に立たされた教育関係者が本書の供する見取り図に救われたことはおおいに考えられる。一般に，学校経営の理論は，組織や制度という不可視的な対象をも扱うがゆえに，それらの抽象性から平時には教育関係者から「現場の役には立たない机上論」とも受け取られがちであった。しかし，コロナ禍の非常時に至り，この乖離状況を克服するべく架橋したことの意義は大きいだろう。

各章の内容を細かく検討することは紙幅が許さず，また，そもそも評者の能力を超えるところでもある。そこでここからは，本書の根本的な関心がどこにあるのかを，全体の構成との関わりから考えることとする。篠原氏は，「本書は，With コロナ（新型コロナウイルス感染症が収束しておらず，必要に応じて臨時休業等が行われる段階）に対応した新しい学校組織マネジメントの考え方と方法を提供する」（はしがき）と述べつつ，「学校経営の課題」を⑵において描き出す。本書の底流にある認識として，PDCA 論に象徴される従来の学校組織論が非常時に機能不全に陥ったとの問題認識と，観察（Observe）―方向づけ（Orient）―決断（Decide）―実行（Act）による「OODA ループ論」の有効性が指摘されている。

もうひとりの編著者・大野裕己氏は⑷において，学校経営論の理論的系譜もふまえつつ，PDCA 論および OODA ループ論の現在地を描き出す。また，⑶を執筆した露口健司氏は，コロナ禍のリスクの本質を児童生徒の「キャリア資本の毀損」（44-45頁）ととらえ，リーダーシップへの視角から理論的に整理する。一方，OODA ループ論や PDCA 論のとらえ方は各執筆者により違いも見られる。たとえば，カリキュラムマネジメント（以下，「CM」と略す）を扱う⑹を執筆した田村知子氏は，「（…）CM に限って言えば，『P（計画)』は欠かせない段階であり，PDCA サイクルや CM 研究で提唱されてきた CAPD サイクルは有効である」（102頁）と述べ，OODA ループ論と距離を置いているようにも見える。

編著者の強い問題意識が各章をとりつなぐ系をつくりつつも，各章がそれぞれの視角にもこだわり執筆されたものと見ることができる。こうした各執筆者の自由な記述は各章で見られるが，終章では再び篠原氏によってさらに踏み込んだ問題提起がなされるに至る。不登校からの授業参加や学校復帰を例に，コロナ禍が「学びの選択肢」（164頁）を拡張した面があることが指摘されている。そして，教育機会確保法（「義務教育の段階における普通教育に相当する教育の機会の確保等に関する法律」）も視野に置きながら，「学校復帰」を超えた「社会的自立」への言及がなされている。さらには，GIGA スクール構想により「われわれは改めて『就学』の原則を再考する必要がある」（168頁）との根本的な問題提起に至る。

これは日本の義務教育制度そのものへの根本的な問いとも言えるが，各章においてはこの問いが必ずしも前面に掲げられているわけではない。それだけに，受け止め方は読者により多様であろう。しかし，「はじめに」から⑴，⑵，そして「終章」にわたる篠原氏の論及は，本書の各章の示唆をより深層において咀嚼することに資する。たとえば，特別支援教育を扱う⑼を執筆した平澤紀子氏は，オンライン授業により自己のペースで学ぶ機会がつくられ「なにより，学校に行かなくても学べた」（151頁）と述べるが，ここには，「学校が支えていた生活や人とのつながり」という機能を認めつつも，学校の逆機能をも冷静にとらえる視野が示されている。

他の各章について立ち入った論及ができないことが悔やまれるが，これまで自明視されてきた義務教育における「就学」パラダイムを念頭に置くことで，学校経営のテーマ群を「With コロナ」の文脈から「新しい就学様式」（終章）を紡ぎ出すことは可能であり，ここにおいて「With コロナ」の学校経営様式が構想されうるとも考えられる。学校経営の「考え方」や「方法」は，ともすれば「PDCA をいかに回すか」といった技術論に回収されかねないが，本書におけるそれのような，教育制度そのものへの問いに根を張る学校経営が期待されるところだろう。本学会の読者には論を俟たないところだが，実務を担う当事者は（学校教育行政職員を含めて），このような連綿とした連なりから沈思黙考する暇はない。だからこそ，この隔たりへの架橋に挑む本書の役割は特筆される。

もう一点，コロナの封じ込めに「成功」した東アジア諸国との対比において日本を批判的にとらえ，「民主主義か国家主義かのイデオロギーではなく，目前の危機に対応した政策科学とガバナンスの効果的な選択」こそ重要とする篠原氏の指摘は，学校経営に大きな影響力をもつ国や地方の政策者や教育行政担当者に重く受け止められる必要がある。

以上，評者の限られた理解力からの評となるが，行き過ぎた深読みや誤読も含まれるだろう。それでもなお，本書が挑み道を拓こうとした「With コロナ」の学校経営（様式）について，公刊から1年半以上の年月を経た現在から対話を試みたい思いで，本書評の筆を執らせていただいた。コロナ禍が依然続く中で，「With コロナ」の学校経営への歩みが止まないことを願い結びとしたい。

■書評■

青木栄一著

『文部科学省―揺らぐ日本の教育と学術―』

（中央公論新社　2021年）

筑波大学　浜 田 博 文

本書は，教育をめぐる行政，制度，政治，経営，政策の「仕組み」の中心にある文部科学省（以下，文科省）について深い理解と議論がなされてこなかった実態を正視し，「文科省の内部に分け入り，そして外部との関係から，その真の姿を明らかにしていく」（4頁）ことをねらいとして執筆された。読み始めるといきなり，「教育という国益に直結する分野を担当しているにもかかわらず，文科省は霞が関の他府省の官僚たちや政治家から『三流官庁』とみなされている。…だが，そうした批判をする側は，どれだけ文科省のことを理解しているのだろうか。」（4頁）と投げかけられる。教育学者を生業とし，何かにつけて文科省（文部省含む）批判を言葉にしてきた評者は思わず背筋が伸びた。

章構成は以下の通りである。

序　章　「三流官庁」論を超えて
第1章　組織の解剖―統合は何をもたらしたか
第2章　職員たちの実像
第3章　文科省予算はなぜ減り続けるのか
第4章　世界トップレベルの学力を維持するために
第5章　失われる大学の人材育成機能
終　章　日本の教育・学術・科学技術のゆくえ

序章は，2001年1月に文部省と科学技術庁の統合で「日本の教育，文化，スポーツ，科学技術の幅広い分野を担当する組織」として文科省が誕生したことから始まる。官邸主導の政策決定という趨勢の中で，「『内弁慶の外地蔵』という二面性」を官邸や他省庁が利用して「巧妙に文科省の担当分野に介入していく新たな状況を『間接統治』として描」く（6頁）本書の基本的視座が言明される。特に，旧文部省と旧科技庁の主担当だった「(学校) 教育政策，学術政策，科学技術政策」の3分野の急激な変化への注目と「高大接続」「国立大学」「科学技術・イノベーション基本法」「産業政策」等の題材が挙げられる。

第1章と第2章では，組織の構成，業務内容，官僚の人事実態などが詳らかにされる。旧文部省と旧科技庁の統合で文科省が誕生した経緯，その後の人事管理，局単位の組織編制，政策管理などが「文部系」と「科技系」で別個に行われている実態などが説明される。両者は融合することなく分立し，「実社会への応用」を重視する科技系と「真理の探究に重きを置く」文部系（48頁）の間には，前者が後者を凌駕する関係が形成され，高等教育とりわけ国立大学はその媒介項に位置づくことが示される。さらに，「科技系はもともと省庁を通じた調整を得意として」いるため，「『間接統治』を目論む側との接点も多そうだ」と，次章以降につながる視点が示される。

第3章では，少子高齢化に伴う文科省予算額減少の実態が，義務教育費国庫負担制度と公立学校施設整備費負担金から描出される。次に，高校教育無償化も，政治主導により「棚ぼた式に転がり込んできたもの」（133頁）だと説かれる。それでも，これを契機に生まれた「高大接続」という領域で「初等中等教育と高等教育への包括的影響力」を持てるようになった（143頁）と指摘される。法人化（2004年）による国立大学の財政縮小状況のパートでは，「風前の灯火」（147頁），「そもそも文科省は勝算のない目標を設定し，国立大学は討ち死に覚悟の戦いに駆り出されている」（154頁）といった刺激的な言葉が登場する。この辺りから，文科省の「主体性」のなさに対する苛立ちと，いくつかの改善方策を含む叱咤激励のトーンが高くなる（144-146頁）。

第4章では，学力，教員の多忙化，教育委員会制度の3点から初等中等教育政策が検討される。「ゆとり教育」失敗の原因を著者は，「政策の意義を正確に説明しないこと」と「従来と異なる方法を必要としたにもかかわらず，文科省は教員の対応力に疑問をもたなかった」こと，つまり「資源制約を考えない悪い癖」（167-168頁）にあると指摘する。また，「学校の働き方改革」により「遅ればせながらであっても，文科省が目覚めたことは注目に値する」として，「『時間』という資源に制約がある」と気付いたことと，「覚悟をもって市町村との関係を再構築しようとしている」ことを前向きに評価する（187-188頁）。他方で，文科省が「教育委員会への完全な分権を好まない」（203頁）制度的構造と，両者の「悪い意味での『相互依存』関係」（206頁）が説かれ，それが官邸や他省庁による教育政策への「間接統治」を容易にしていることが論じられる。

第5章では，大学の人材育成機能をめぐる文科省と民間企業，官邸との軋轢が，大学入試改革，大学改革，学術・科学技術人材の3点から論じられる。大学入試共通テストの民間英語試験と記述式問題導入が暗礁に乗り上げた背景がまず検討される。次に，大学のグローバル化を阻む財政的・制度的条件の実態が述べられる。そして産業界から大学への学術・科学技術人材育成という期待に応えるかたちで，文科省は「大学にばかり負担をかけている」（261頁）実態が論じられる。ここでも，官邸や産業界等による「間接統治」によって，大学，わけても国立大学の有り様が危機に晒されている実情が示される。

終章では，ここまでの議論から，日本の教育と学術・科学技術が官邸・他省庁・産業界等によって「飲み込まれていく構図」が総括される。そして，「文科省にはこれまで以上に国民の目の届くところで政策論議に主体的に参画し，その役割を果たすことが望まれる」（269頁）など，著者の熱望が開陳される。

「新書」だが，読み応えのある本である。長年にわたる著者自身の研究知見が高い密度で提示され，平易な文章で表現されている。同時に，自身が国立教育政策研究所での勤務から得た肌感覚としての組織・庁舎構造観と人脈に基づくリアルな記述も読者の関心をそそる。とくに，第3章以降で次第に熱を帯びる著者の分析と主張には，深く納得して肯くことになる。あとがきの中で「本書の執筆を通じて初めて文科省が旧文部省とはまったく異なる組織だと実感できた」（278頁）と書かれているが，評者も同様の確信を得た。

評者が思考を巡らせたのは，日本における学術と教育の関係の変質である。1886年の学校令による近代学校制度の体系化は，大学における学問（学術）と初等中等段階の教育の分立を明確にしていた。戦後の単線型学校体系（特に新制大学の発足）と「大学における教員養成」制度は，両者の円滑な連関を通じて民主社会の実現を目指したはずだった。しかし，教員養成から学術を疎外する作用は力を増し続けている。初等中等教育政策では子どもの「主体性」育成が高らかに謳われるが，教員とその志願者をとりまく環境では学術研究が制約を受け，教員の「主体性」は逆風に晒される。

本書はさらに，「学術」自体が狭隘な「科学技術」の中に飲み込まれている実情を露わにしている。人文社会系を除いていた「科学技術基本法」（1995年）が全ての学術分野を含めた「科学技術・イノベーション基本法」（2021年4月施行）に改正されたことは，大学の学術全体にとって重大な意味をもつ。今や，産業振興と経済成長につながる「科学技術・イノベーション」が学術と教育（高等教育から初等中等教育の全て）を取り込んだピラミッドの頂点に座り，人文社会系学術分野とそこに関連する教育を痩せ細らせている。国立大学が「『科学技術』の『孵卵器』」（267頁）と化す過程を20年以上職場体験してきた者としては明るい気分になれないが，秀逸の書である。

教育経営学研究動向レビュー

新型コロナウイルス感染症の流行は，社会全体に多大な影響を及ぼした。私たちの生活は大きな変化を余儀なくされ，学校教育の課題も浮き彫りとなった。こうした変化や課題は，コロナ禍で突然生まれたかにみえる。だが，果たしてそうだろうか。平時にすでに存在した矛盾や問題点が，あくまで新型コロナウイルス感染症発生によって深刻化・複雑化，そして顕在化したとも捉えうるのではないか。こう考えると，これまでの教育経営学は学校教育やそれを取り巻く社会状況の変化と課題を的確に捉えるような研究枠組みを用意してきたといえるだろうか。このような問題意識に基づき，今期の研究推進委員会は「教育経営学研究の新機軸の探究」をテーマとして設定した。

本研究動向レビューは，上記のテーマ追究の一助となる基礎的資料を提供できるよう，まずは基点となる新型コロナウイルス感染症発生以降の教育経営にかかる諸問題に焦点を絞り，その対応や影響についての実態と，それがどのように語られてきたかを整理・検討することを目的とした。そのため，研究動向レビューではあるが，研究論文のみならず，行政や諸団体による調査報告や実践報告にも目を向けて，実態と課題の把握に努めることとした。その上で，今後の教育および教育経営・教育経営学が向き合うべき論点の提示を試みた。

COVID-19発生以降の教育経営にかかる実態と課題をめぐる研究動向

島根大学 小早川倫美
長崎大学 榎　景子

1　コロナ禍で問われる教育経営学

2020年より発生した新型コロナウイルス感染症（以下，「COVID-19」）は社会全体に多大な影響を及ぼしている。教育分野においては，教育を受ける主体である子どもの学びをいかに保障するかに加えて，学校や家庭の役割やあり方も問われることとなった（柏木 2021）。さらに，既存の学校教育の課題が浮き彫りになったことから，教育制度全体にわたる見直しにまで及ぶ事態となっている。

COVID-19をめぐっては2020年初頭の一斉休校をはじめとして，当時の状況を検証しようとする動きがみられる。本学会のみならず，教育学関連の学会では年次大会や学会紀要においてコロナ特集が組まれ，学術研究からコロナ禍の教育の実態と課題について明らかにする試みが行われている（『日本教育経営学会紀要』第63号特集・シンポジウム，『日本教育行政学会年報』第47号フォーラム・課題研究Ⅱ，『日本教育制度学会紀要』第28号特集等）。本学会においてもCOVID-19特別委員会が設置され，同委員会の企画による研究報告や学校現場からの実践報告等が行われている。

危機としてのCOVID-19は社会の多方面に影響をもたらしたこともあり（水本 2021），さまざまな分野で，コロナ禍で起きた実態を丁寧に記述していこうとする志向性がみられる。こうした実態から教育経営学は何を学び，考えていくのか，いま一度問い直すことが必要ではないだろうか。すなわち，コロナ禍の教育および教育経営にかかりどのような実態が起きていたのか，その影響や課題は何かについて検証するとともに，それを起点として今後の教育経営学のあり方について再検討していくことが重要となろう。

以上のような問題関心に基づき，本稿では2020年1月以降のCOVID-19発生から2022年1月現在（執筆時点）までの約2年間におけるコロナ禍の教育経営にかかる実態と課題をめぐる研究動向について整理する。その際，学術研究のみならず，行政や諸団体による調査報告や実践報告にも目を向け，まずはコロナ禍の教育をめぐる実態把握に努める。その上で，今後の教育および教育経営・教育経営学が向き合うべき論点を提示することを目指す。

2　教育行政および学校・教職員は緊急事態にいかに対応したか

本項では，COVID-19発生以降，教育行政および学校・教職員が緊急事態にいかに対応したかについて整理する。

2020年は一斉休校等の緊急事態への対応に関する実態把握を主とした研究や報告が進められた。COVID-19の拡大しつつあった2020年初頭は，2020年3月2日の全国一斉休校，そして2020年4月7日の1都6府県を対象とした緊急事態宣言，さらには4月16日の全国に対象を拡大した緊急事態宣言と宣言解除後の学校再開に至るまでの混乱とその影響に関心が寄せられた。そのなかでは，未曽有の緊急事態下でどのように対応していくのか／したのかが着目され，COVID-19発生時から一斉休校，学校再開に至るまでに各自治体がどのような対応をしたのか，また自治体の動きを受けて各学校がいかなる選択をしたかといった「対応」をめぐる状況が明らかにされている。

2020年3月の一斉休校決定後，安全を確保するために子どもは休校となるが，出勤する保護者は家庭に不在であるという矛盾が生じたことから，休校時の子どもの居場所の確保が大きな問題となった。これに対して文部科学省は，自治体の一斉休校の実施状況（2020年3月4日暫定集計）を発表後，子どもの居場所に関する各自治体の取組状況に関する調査を行うなど，実態把握に努めている（文部科学省 2020）。同調査に引き続き，文部科学省は自治体によるCOVID-19への対応についての具体的事例を公表している（文部科学省ホームページ）。全国一斉休校は，2020年4月以降の緊急事態宣言下の生活に影響を及ぼすとともに，子どもの居場所の不在，貧困，虐待，学びの不保障等が社会問題としてあらわれてくることとなる（日本子どもを守る会 2020）。

他方，自治体を主体とした状況把握や対応も盛んとなった。それらについては，例えば一斉休校にかかわる状況把握や学校再開に向けた準備過程や再開後の自治体の対応等が明らかにされている（総社市・川崎 2020，中原他 2021）。

2020年後半から2021年にかけては，コロナと共存する社会に向けて新たな環境下における学校教育のあり方に注目が集められた（共育の杜 2021）。コロナ禍では，オンラインやリモート等のICT機器を活用した取組が社会全体で脚光を浴び，学校教育についても同様の動きが採用され，のちには「GIGAスクール構想」の整備と実施に向けた動きが本格化することとなる。コロナ禍では，オンライン授業の実施についても各自治体でさまざまな模索が行われるなか，注目された取組が熊本市のオンライン授業であろう。熊本市教育委員会は早期の段階でオンライン授業の整備を行い，市内全域での導入を短期間で実施したことから，その詳細な記録が報告されている（佐藤明 2020）。一方，対応にかかわる自治体間の差がみられたことも大きな課題である（内閣府 2020）。

そして2021年頃より，一斉休校に関する事例報告に留まらず，教育行政学の視点から当時の状況を検証しようとする研究が進められている。混乱を極めた一斉休校を通して，緊急事態における教育行政ならびに教育経営のあり方や課題が改めて確認された（末冨 2021）。また，このような研究では，それぞれの取組に関する都道府県・市町村の関係とその過程でみられた裁量の異なりや意思決定主体の相違，さらには教育行政の政府間関係における権限構造や主体のあり方について明らかにされている（中嶋 2021，髙橋 2021）。なかでも，教育委員会・学校の一斉休校への対応については，市区町村調査やケーススタディによって一斉休校の期間・方式・協議期間・学校再開時の配慮事項や自治体調査からみられた課題等を明らかにした研究（末冨他 2021），教育行政制度の緊急事態（有事）への対応能力に関する研究（広瀬・荒井 2021），一斉休校と学校再開にかかわる地方自治体の動きを検証しようとした研究（神林他 2021，廣谷他 2021）が挙げられる。

こうした自治体や学校の対応に関連して，コロナ禍は学校独自の取組やオンライン授業の実践，新しい生活様式にかかわる消毒等，教職員の日常を大きく変容させた。コロナ禍の学校と教職員をめぐっては，学校現場のオンライン化が浸透する2020年中盤以降，オンライン授業への対応に伴う学校側の負担と業務のあり方や教職員の働き方等，学校現場のリアリティとそこに潜む学校教育や教職員をめぐる課題が指摘されてきた。

COVID-19発生初期の2020年４月に広島大学が教員（専門学校，大学，教育委員会などを含む）を対象として実施したWeb調査では，休校中の現状，学校現場の対応や教員の困りごとを把握するとともに大学等による支援のあり方に関する困難さや指導状況から，休校時の教職員をめぐる実態が報告されている（広島大学ヴィジョン研究センター（EVRI）草原和博・吉田成章編 2020)。さらに，2020年８月には現代学校事務研究会・学校事務法令研究会・『学校事務』編集部による全国の公立小中学校等の学校事務職員120 名を対象とした調査（川崎 2021)，日本教職員組合によるコロナ禍の学校の対応や教職員の勤務実態に関する調査（日本教職員組合 2020）が実施されている。これらの調査からは，学校教育と安全を両立しながら教育を保障していかなければならないことへの葛藤や困難等，新たな教育環境における教職員の実態が詳らかにされている。

このように中央／地方政府・自治体の一連の「対応」は，自治体や学校といった各アクターの動きや選択のみならず，学校のあり方や教育環境，学校で勤務する教職員にも影響を及ぼした。コロナ禍における対応と影響から，これまでの学校教育の構造的かつ本質的な課題に向き合い，教育経営の観点から検討していくことが重要となろう。

3　子どもにいかなる影響が及んだか

続いて，COVID-19感染拡大とそれに伴う対応のなかで，子どもにいかなる影響が及び，それらがどう語られてきたのかを整理する。また，今回の事態では，子どもを支える保護者・家庭への影響にも注目することが重要になることから，必要な限りでそれらに関連する調査・研究も取り上げる。

子どもへの影響については，大きく「生」と「学び」の２つの観点から実態把握や研究が進められてきた。ここで「生」と記すのは，暮らしや生計という生活の実際に加え，生命や実存への影響にも目配りすることが重要と考えるからである。

まず「生」への影響について，例えば一斉休校下では子どもたち全体に，運動機会の減少，生活リズムの乱れ，スクリーンタイムの増加等の影響がみられた（国立成育医療研究センター，三菱UFJリサーチ＆コンサルティング 2020，兵庫県教育委員会)。また，2020年３月の全国一斉休校から2021年９月の緊急事態宣言が解除されるまでの生活において，一貫して子どもの７割以上が何らかのストレスを抱えていたことが明らかになっている（国立成育医療研究センター：第１回～６回調査報告書）。これら教育・医療・福祉・経済など多領域で進んだ実態調査の統合的な把握は今後の重要課題となろう。

ところでCOVID-19下では，低所得層や母子世帯など困難を抱えやすい世帯に経済や雇用の面で大きな影響が及ぼされたことを確認できる。全国一斉休校時は，母子世帯の半数以上が仕事を休む・減らす等の対応を取っていたこと（しんぐるまざあず・ふぉーらむ 2020）や，学校給食がなく家計窮迫の状況で約３人に１人の子どもが成長に相応の食事量が確保できていなかったこと（五十嵐 2021）等が報告されている。また，家庭で過ごす時間が増え，大人たちもストレスを抱えるなかで憂慮されるのが児童虐待の増加である（酒井 2020）。虐待件数そのものはコロナ禍で減少しているとのデータがある一方で，より深刻なのは，これが，子どもの姿が家族以外の眼差しに触れなくなったことによる影響と考えられるからである（内田 2021）。

こうした子どもや家庭の状況は，改めて学校の「福祉的機能」を浮き彫りにした。学校が，給食に代表されるような生存権の保障，そして家族以外の大人や友人との社会的なつながりを保障する機能を果たしていたことを再確認することとなった。元兼（2021）は，「安全」を守るという名目の休校が，子どもたちの「安心」を守ることになっていたか，と問う。休校による「安全・安心」の確保が一面的でなかったか，事実に基づく再検証が求められる。

次に「学び」への影響については，中原他（2021）が生活と学びの両面から多様なアクター（中高生・保護者・教員・NPO）へのデータ収集と分析を行っており，一斉休校中の学びの実態について調査した研究として最も包括的かつ示唆的な結果を示している。例えば，高校生の６割が「何をして過ごせばよいかわからない」と感じていたこと，他方，その焦りから約半数は意識・行動の変化により結果的に「成長実感」をもったこと等が明らかにされた。

こうした子どもを前に，学習スケジュールの管理からわからないところを教えることまで，多くの役割を担うことになったのが家庭であった。生活・学習の両面で「家庭への役割集中」が起きていたのである（中原他 2021）。休校措置とそれに伴う家庭への役割集中は教育格差を拡大させることが懸念され，その実態調査や解決に向けた視点を提示する研究が進められている。例えば，コロナ禍での教育格差の実態変容を整理した研究（前馬 2021），オンライン教育が進むなかでデジタル・デバイドによる格差を指摘する研究（佐藤学 2020，多喜・松岡 2020），学習時間の減少幅が低学力層や貧困層に大きいことを指摘する研究（三菱UFJリサーチ＆コンサルティング 2020）などがある。

他方，子どもの「学びの継続」を左右したのは「生活リズム」と「学校での受容感」であったという（中原他 2021)。「学校での受容感」は休校前の状態を含め「学校で他者と関係を構築し，学校生活を楽しんでいる」ことを示す指標とされる。このことは，学びにとって人間関係構築やつながりがいかに重要であるかを示している。例えば，オンライン授業の成立も，単なる慣れ・不慣れの問題ではなく，「ベースとしての関係性構築」の有無に左右されたとの見解が示されている（鈴木 2021)。

このように子どもの学びにとっても人間関係構築や学校生活を楽しむことが極めて重要であったわけだが，休校があけると，子どもたちが楽しく学校生活を送るというより，限られた授業日数・時数のなかでできる限り学習を「詰め込んでいく」あるいは「カリキュラムの消化を優先」しようとする教育委員会や学校側の姿勢もみられたことが指摘されている（亘理 2021)。ここに平時の思考様式や制度的枠組みの強固な慣性を見て取ることができる。

こうした状況下で，「こどもたちの声」を聞き取った国立成育医療研究センターの調査では，「listen（聴いてもらうこと）と respect（尊重されること)」が子どものニーズとして多く挙げられる結果となった（澤田 2021)。実際に，コロナのせいで先生や大人への話しかけやすさ・相談しやすさが「とても減った」または「すこし減った」と回答した子は約5割にのぼっている（国立成育医療研究センター：第5回調査報告書)。このように医療・福祉等の他分野で子どもの声に耳を傾ける調査が進められた一方で（国立成育医療研究センター，セーブ・ザ・チルドレン・ジャパン 2020)，教育経営学ではどれほど子どもの声に耳を傾けられていたか。上記の強固な慣性に鑑みれば，子どもの声を聴き，その視点を教育経営に反映し活かす道筋を探究することが課題となる（古田 2021)。

4　コロナ禍が突きつける教育経営研究の原理的転回

以上の実態からも明らかだが，COVID-19下で起きた事態の特徴の一つは，影響の偏在性やリスクの不均等性である。これにより「平時の矛盾や問題点が拡大・増幅」し，従来見えなかったものが「見える化」した（上野 2020)。それは，困難を抱えやすい家庭の子どもの「生」がいっそう脅かされ，従前の学校組織体制や資源の差および人間関係のあり様が非常時の対応に影響を及ぼし格差を拡大する状況を生み，そして同時に「生活世界の貧困化」（水本 2021）を露呈するものであった。加えて，不登校の子どもたちがオンライン授業であれば参加できるという状況も見受けられ，これまでの学校や学びの場が孕んでいた問題点を改めて直視することにもなった（伊藤 2021）。「見える化」した現象が，公教育をめぐる従来の「見方」に揺らぎをもたらしている。

ICT の活用や社会のデジタル化等に関しては，「すでに起きていた変化が危機により加速」（上野 2020）したといえそうである。それは，今日の政治体制の下，経済産業省や総務省など教育行政外の政策主体によって強力に推進されようとしている点に注意が必要である（谷口 2021，竺沙 2021）。

他方，COVID-19下では，これまで学校が学力・生活・つながりのすべてを担っていたことが明らかになり，学校の「大切さ」に多くの人が気づいた。

我々は以上のような学校の「潜在的な矛盾や問題点」と「役割の重要性」の両方を感じ取っている。後者に過剰に引っ張られると，前者がなかったかのように元の学校に戻っていく力も働きかねない。一方，例えば ICT を活用した「個別最適な学び」の推進など，前者を克服する方向で急進的に改革を推し進める力が強まると，すべての子どもの教育を受ける権利を保障する形ではない方向へと，教育論不在の改革が進む危険性もある（cf. 石井 2020）。こうしたなかで，これからの教育経営学はいかなる課題に向き合っていく必要があるか。

第 2 項で述べたように，COVID-19発生以降，人々は非常時の「対応」に注力してきた。それは，その時々の最善を尽くすものでもあった。だが，学問としては個別の対応事例から今後の教育経営を方向付けるような拙速な結論を出すのではなく，上記の矛盾や問題点を前に「対応策に関する試行錯誤を許容」しながら，同時により本質的な議論をしていく必要がある（竺沙 2021）。

その一つとして教育経営学が向き合うべきは，学校のあり方を根本的に問い直す理論の構築である。水本（2021）は「生活世界の貧困化」を前に，これからの学校のあり方として，①社会的・空間的に子どもを解放することと，②教育を生涯にわたって拡散させることを提案する。また，柏木（2021）は脆弱と依存からなる人間像を前提とした「ケアを基盤に生と学びを保障する学校づくり」を提起する。こうした学校のあり方は，既存の価値規範や制度からではなく，目の前の現実から柔軟に立ち上げていくものになろう。

もう一つの課題は，従来，教育経営学で重視されてきた諸概念に照らして現実を評価するだけでなく，今までの枠組みには収まらない現実から出発して，教育経営学の新たな知見やこれから重要になる諸概念を措定あるいは生み出していくことである。上記「ケア」概念もそのひとつと考えられる。こうした教育経営をめぐる重要概念や基軸概念も，今，目の前で起こっている「現実」や「子どもの声」をもとに見直していくことが求められる。そのためにも，現実の眼差し方を常に問い，子どもの声を聴き，そこから学ぶことが必要となる。

［文献一覧］

・五十嵐光「コロナ禍のシングルマザーと子どもの暮らし―家計と健康への影響」『月刊保団連』No.1353，2021年，10-15頁。
・石井英真『未来の学校―ポスト・コロナの公教育のリデザイン』日本標準，2020年。
・伊藤美奈子「コロナ禍と不登校―自粛生活は不登校を正当化したのか？」『教職研修』2021年１月号，94-96頁。
・上野千鶴子「コロナ禍とジェンダー：見えないものが見える化した日々」森達也編著『定点観測　新型コロナウイルスと私たちの社会　2020年前半』論創社，2020年，57-79頁。
・内田良「コロナ禍における子ども虐待の『消える化』現象」『月刊教育と医学』第69巻第４号，2021年，28-35頁。
・柏木智子「子どもの生と学びを保障する学校づくり―『ケア』に着目して―」『日本教育経営学会紀要』第63号，2021年，35-51頁。
・川崎雅和編著『コロナと闘う学校―全国120校が直面した課題と新たな教育環境の可能性』学事出版，2021年。
・神林寿幸・廣谷貴明・青木栄一「COVID-19感染拡大を受けた公立学校の臨時休業と再開に向けた地方自治体の動き―都道府県・市区町村悉皆調査の集計報告」日本教育経営学会 COVID-19マンスリー研究会（10月）発表資料，2021年。
・共育の杜『コロナ禍が変える日本の教育―教職員と市民が語る現場の苦悩と未来―』明石書店，2021年。
・国立研究開発法人国立成育医療研究センター「コロナ×こどもアンケート調査報告一覧」（第１回～第６回調査報告書）https://www.ncchd.go.jp/center/activity/covid19_kodomo/report/#02（最終アクセス2022/１/20）。
・酒井朗「家庭への関わり方と関係機関との連携」東洋館出版社編『ポスト・コロナショックの学校で教師が考えておきたいこと』東洋館出版社，2020年，26-31頁。
・佐藤明彦『教育委員会が本気出したらスゴかった。―コロナ禍に２週間でオンライン授業を実現した熊本市の奇跡』時事通信社，2020年。

・佐藤学「新型コロナ・パンデミックとICT教育」『季刊教育法』No.207，2020年，26-33頁。
・澤田なおみ「社会が見過ごした子どものつらさ─『コロナ×こどもアンケート』より」『月刊保団連』No.1353，2021年，4－9頁。
・しんぐるまざあず・ふぉーらむ『新型コロナウイルス　深刻化する母子世帯のくらし～1800人の実態調査・速報～』2020年。
・末冨芳「一斉休校と子ども・若者・家族─誰が実態をとらえ支援したのか？」『日本教育行政学会年報』第47号，2021年，198-201頁。
・末冨芳・葉養正明・佐藤博志・柏木智子・元兼正浩・篠原岳司「一斉休校そのとき教育委員会・学校はどう動いたか？」2021年，日本教育行政学会第56回大会発表資料。
・鈴木篤「非対面型授業の可能性と限界」『月刊教育と医学』第69巻第4号，2021年，20-27頁。
・セーブ・ザ・チルドレン・ジャパン「子どもの声・気持ちをきかせてください！ 2020年春・緊急子どもアンケート結果（全体版報告書）」2020年，https://www.savechildren.or.jp/jpnem/jpn/pdf/kodomonokoe202005_report.pdf（最終アクセス2022/2/4）。
・総社市「新型コロナウィルス感染症対策に係る小・中学校の臨時休校に関するアンケート結果」https://www.city.soja.okayama.jp/gakkokyouiku/kosodate_kyouiku/sho_chugakou/Colonavirus_hogosya_questionary.html（最終アクセス2022/1/10）。
・髙橋哲「教育政策決定におけるセクター／アクター間連携に関する日米比較─コロナ禍において教育行政は誰と協業したのか─」『日本教育制度学会紀要』第28号，2021年，38-54頁。
・多喜弘文・松岡亮二『新型コロナ禍におけるオンライン教育と機会の不平等─内閣府調査の個票データを用いた分析から─』プレスリリース資料，2020年。
・谷口聡「成長戦略下における学校教育の情報化政策─『個別最適な学び』『データ駆動型教育』構想を中心に」『日本教育行政学会年報』第47号，2021年，84-104頁。
・竺沙知章「今日の『危機』と教育行政学の課題」『日本教育行政学会年報』第47号，2021年，105-123頁。
・内閣府「新型コロナウイルス感染症の影響下における生活意識・行動の変化に関する調査」2020年6月21日，https://www5.cao.go.jp/keizai2/wellbeing/covid/pdf/shiryo2.pdf（最終アクセス2022/1/10）。
・中嶋哲彦「地方自治と全国一斉休校─指示・要請・指導助言」『日本教育行政学会年報』第47号，2021年，190-193頁。
・中原淳監修，田中智輝・村松灯・高崎美佐編著『学校が「とまった」日─ウィズ・コロナの学びを支える人々の挑戦』東洋館出版社，2021年。
・日本教職員組合「新型コロナウイルス感染症に関する学校の対応について─日教組

第２次 Web調査結果―」https://www.jtu-net.or.jp/wp/wp-content/uploads/2020/10/cea69a7c2bcff313698311c2e4e44d6b.pdf（最終アクセス2022/１/10）。
・日本子どもを守る会編『子ども白書 2020』かもがわ出版，2020年。
・兵庫県教育委員会「新型コロナウイルス感染症の影響に関する心のケアアンケート調査結果」（令和２年第１回調査～令和３年第２回調査）http://www.hyogo-c.ed.jp/~gimu-bo/10kokorocare/kokorocare.html（最終アクセス2022/１/18）。
・広島大学教育ヴィジョン研究センター（EVRI）草原和博・吉田成章編『ポスト・コロナの学校教育―教育者の応答と未来デザイン』渓水社，2020年，12-16頁。
・広瀬裕子・荒井英治郎「非常事態における教育ガバナンスの検証　コロナ禍対応のヒアリング調査から」2021年，日本教育行政学会第56回大会発表資料。
・廣谷貴明・神林寿幸・青木栄一「COVID-19感染拡大に伴う臨時休業に関する地方自治体の意思決定の実態」2021年，日本教育経営学会 COVID-19マンスリー研究会（11月27日）発表資料。
・古田雄一「教育経営における『生徒の声』の意義と課題―近年の国際的動向の検討と考察をもとに―」『日本教育経営学会紀要』第63号，2021年，19-34頁。
・前馬優策「ウィズコロナと教育格差」『月刊教育と医学』第69巻第１号，2021年，41-47頁。
・水本徳明「教育経営の実践と研究は何を問われているのか」『日本教育経営学会紀要』第63号，2021年，129-131頁。
・三菱 UFJ リサーチ＆コンサルティング『新型コロナウイルス感染症によって拡大する教育格差：独自アンケートを用いた雇用・所得と臨時休校の影響分析』2020年。
・元兼正浩「学校の安全・安心をどう守るか」『月刊教育と医学』第69巻第２号，2021年，４-11頁。
・文部科学省「新型コロナウイルス感染症対策のための小学校等の臨時休業に関連した子供の居場所の確保等に関する各自治体の取組状況等について」2020年，https://www.mext.go.jp/content/20200317-mxt_kouhou02-000004520_1.pdf（最終アクセス2022/１/10）。
・文部科学省ホームページ「新型コロナウイルスに関連した感染症対策に関する対応について」https://www.mext.go.jp/a_menu/coronavirus/index.html（最終アクセス2022/１/10）。
・亘理陽一「露になったこと，見直されたこと，見過ごされていること―教育方法学から見た『学びの保障』」『日本教育行政学会年報』第47号，2021年，194-197頁。

【執筆分担】第１・２項…小早川，第３・４項…榎

追　悼　文

「公教育経営学」構築への挑戦者・堀内孜の生涯

京都大学　小 松 郁 夫

会長を務めるなど，長い間，本学会に貢献した堀内孜氏（以下，同級生の関係から「堀内」と書く）が2021年６月25日，その生涯を閉じた。亡くなる直前になぜか一緒に議論していた若い頃の夢を見たので，久しぶりにメールを送ったら，返信が来て再入院していることを知った。しかし人一倍精神力の強い彼のこと，再び教育談義ができることを疑わなかっただけに，驚きと悲しみはかつて経験したことがないものとなった。

研究の基礎となったこと

私たちは1947年生まれの団塊の世代で，「日本国憲法」と「教育基本法，学校教育法」の歴史と同じ歩みをしてきたし，学校教育の中では戦後民主主義の社会思想を教えられてきたと自覚している。大学入学は1966年４月，東京教育大学教育学部教育学科教育学専攻で，志願者382名，合格者38名だった。

３年生になる頃から筑波移転で激しい反対運動が広がった。学生運動のテーマが学問研究の在り方などであったため，私たちは仲間同士で科学的思考や社会科学の基礎を学ぼうとした。武谷三男や戸坂潤等の著作を輪読し，論理的思考や批判的精神を考えるようになった。そのほかにマルクス主義の基本文献，経済学の宇野弘蔵の社会科学論，教育学では海後勝雄の教育史研究，後には直接に持田栄一，市川昭午等の講義から研究の基本概念を学ぶことができた。

「公教育経営論」の基礎と発展

私は卒業後１年間，和光大学で事務職員となったが，堀内はすぐに吉本二郎教授の学校経営学研究室で研究を開始した。ほどなく，私に「大学院に入れよ」と励ましてくれ，平日の半日，働きながら吉本ゼミへの参加が許された。その言葉がなかったら，研究者になりたいという私の夢はかなわなかったと思う。

堀内の本学会への貢献では公教育経営学（論）を提唱したことに集約できる。

『公教育経営学』,『公教育経営の展開』等で詳述しているこの概念は，大学院時代から既に把握していた視座であった。公教育論に対する強い思いは，修士論文「レーニン教育・文化論における論理と近代公教育変革におけるその位置」や，私を含む共著『現代教育行政学』でも「公教育の展開と課題」と題する１章を書き，研究者人生を貫く中心概念として考察を究めようとしてきた。

本学会では，一緒に入会した1973年の紀要に「人口急増地域の教育条件に関する実態調査研究」（私との共同執筆）でデビューした。一緒に経営した学習塾の開校に当たって，その地域について，児童生徒の増加と教育行政や学校経営上の課題などを，実態調査に基づいてまとめたものである。

武谷三段階論「現象論―実態論―本質論」や宇野三段階論「原理論―段階論―現状分析」は堀内の研究に大きな影響を与えたと思う。「構造」や「経営」，さらに実態把握を重視した論述は，理論だけでなく現状分析や現象面での状況を的確に把握することに注力し，「技術とは客観的法則性の意識的適用である」と捉える武谷の技術論を援用した思考が背後にあるのではないかと思う。

学校経営研究，人材育成，国際貢献というマルチな活躍

大学教員としてのスタートは京都教育大学が舞台となった。その後の活躍は木岡会長の追悼文に譲るとして，私とは，「教職研究会」での共同研究活動と研究成果を日本教育行政学会で長期間にわたって発表したことへとつながっている。「養成―採用―研修」の連続的教師教育論は今日でも重要な政策課題である。また，京都教育大学（堀内），千葉大学（天笠茂），東京電機大学（小松）の３大学で始まったインカレ・セミナーは，その後拡大して現在にまで継続している。狭い世界にとどまっていない堀内という人間の習性かもしれない。

人材育成では，主宰した研究室を中心に多彩な後継者を育て，1992年から2010年度までに述べ242名の学生たちを「タイ国地域総合大学日本語教員派遣堀内プログラム」でタイに派遣する活動を継続した。タイでの日本語教育振興と日本の青年の海外経験奨励として，両国の交流にすばらしい成果を残した。長い間，堀内の年賀状はタイ女性の舞踏姿が裏面を飾っており，彼の美意識と舞踏が大好きな性格がよく出ていた。

惜別の言葉はかけたくないが

堀内の逝去に対して私はまだ惜別の言葉はかけたくない。公教育経営の研究

は未完成のままである。過去・現在・未来にわたる公教育論を「原理論―段階論―現状分析」として，総合的に叙述する作業は緒に就いたばかりの段階だ。語り口の早口同様，生き急いだのではなかろうか。

2022年３月，堀内夫妻は金婚式を迎えるはずだった。大勢の教え子たちと一緒に，盛大にお祝いをしてあげたかった。やはり残念でたまらない。合掌

堀内孜先生のご逝去を悼む
―育て上手の先生に感謝しつつ―

日本教育経営学会会長　木　岡　一　明

本学会の会長を務められ（2006～2009年），学会の発展に尽くしてこられた堀内孜先生が，2021年６月25日，ステージ４の宣告を受けてから５年に及ぶ闘病の末，ご逝去されました。心よりお悔やみ申し上げます。

先生は，1947年に名古屋市でお生まれになり，愛知県立旭丘高等学校を経て東京教育大学教育学部教育学科をご卒業され，同大学大学院教育学研究科に進まれ吉本二郎先生のもとで学校経営学を修められました。またこの間，持田栄一先生の主催される木曜研究会にも参加されていました。そして，わたしが学部２年の時（1977年）に京都教育大学教育学科に専任講師として赴任されて，助教授（1980年），教授（1995年）に昇任され，附属京都小学校長（2002～2006年）並びに附属京都中学校長（2005～2006年），連合教職実践研究科長（2008～2011年）を併任されました。その後，兵庫教育大学，環太平洋大学（副学長），千里金蘭大学でのご勤務を経験されました。

先生は，本学会においては会長のほか，研究推進委員長（2000～2003年），紀要編集委員長（2003～2006年）を務められ，この間，常任理事を併任されていました。先生は，1989年から国際協力事業団の専門家としてタイ国教育省教員養成局に赴任され，地域総合大学連合の顧問としてタイ国の教育改革，とりわけ教師教育改革についての指導助言に尽力され，帰国後も留学生の受け入れや派遣など日本とタイ国との交流に努めてこられました。研究推進委員長時代には，日本教育行政学会と共同して学校管理規則案作成に関する日本教育経営学会・日本教育行政学会合同委員会を結成されて代表を務め，地方分権時代に即応した「学校管理規則参考案」をまとめられました。紀要編集委員長としては，「特集　学校の自律性確立条件と公教育の在り方」第46号（2004年），「特集　自律的学校経営を担う学校経営者の在り方」第47号（2005年），「特集　学校経営の自律化に向けた評価と参加の在り方」第48号（2006年）を企画・編集され，一貫して「学校経営の自律性」を追究されてきました。そして会長時代には，新たに「実践推進委員会」を設置されて「スクールリーダー専門職基準」の確立を目指され，『校長の専門職基準〔2009年版〕─求められる校長像とその力量』に結実させせました。また，この基準をベースにして京都教育大学をはじめ関係された大学での教職大学院設置と運営に携わってこられました。

文部省・文部科学省においては，教職員配置（等）の在り方に関する調査研究協力者会議委員として教職員定数改善，中央教育審議会委員として「学校の自主性・自律性」の確立を強く打ち出した中教審答申「今後の地方教育行政の在り方について」（1998年）に関わられたことも特筆されます。

こうしたご功績に対して，本学会は，国際貢献賞（2004年），功労賞（2011年）を授与しています。またタイ国からも，チェンマイ地域総合大学によって教育学名誉博士（Ed.D；2001年），教育省によって教育功労賞（2002年），チュラロンコン大学教育学部によって感謝楯（2004年），ピブンソンクラム地域総合大学によって哲学名誉博士（Ph.D；2005年）が授与されています。

先生ご自身の研究業績を数行でお示しするのは至難のことで，いずれ機会を改めてその場を設けたいと考えています。いささか学会の枠組みを外してしまうかもしれませんが，残された紙幅で申し捧げたい点が4点あります。

第一は，「公教育システム経営」という概念についてです。先生ご自身もご著書（『公教育の展開』東京書籍，2011年）で述べられているように「奇異に感じられる方は少なからずおられる」と思いますが，「教育経営」概念に対する批判的視点から，吉本二郎先生，持田栄一先生のお考え（わたしには伊藤和衛先生の影響もあるように思います）を敷衍し，国民国家における公教育構造とそこから起こる実際的，具体的な問題について「機能と構造」を解明せんとして打ち出されたものと理解しています。今もこの先も流動する社会状況にあって教育現実は揺らいでいくでしょうし，その全容解明は未だ途上にあるとも思いますが，わたしは非力を顧みず継承すべき視角であると思っています。

第二は，先生の教育学研究者養成力についてです。上述しましたように，先生は教員生活を研究大学ではない大学で送られました。そのような教育環境でありつつも，堀内研究室出身の教育学系大学教員は本学会の会員諸氏だけでなく多数います。確かに，ゼミなどでスコープの開き方，論理的思考力や論理構成力など多くのことを学ばせていただきました。しかし，それは通常の「授業」の一環であり特別な指導ではありません。飲みにはよく連れていっていただき刺激的なお話を多く伺いました。むしろ先生からすると，そういう機会が研究者養成の場だったのかもしれませんね。恐らく後輩たちもそうであったと思います。大学院進学に際しての餞も，「もはや指導教官ではなく先輩だ。飲みの誘いは断るな。本代は知らんが飲み代がなかったら言ってこい。」でした。

第三は，先生の研究組織力についてです。先生は，1980年に「大学と学校現場の交流を図る」目的で，堀内研究室で卒論を書いて卒業した者たちを主たるメンバーにして京都教育大学教育経営研究会（後に京都教育大学公教育経営研究会に改称）を結成されました。1982年には機関誌『現代学校研究論集』を創刊し，大学院が設置されると修論生も加わり，先生の京都教育大学ご退官で研究会を解散するまで続きました。同時に，先生の親しい人たちの指導下にある卒論・修論生を集めての合同卒論・修論指導会の定期開催も組織され，所属を超えて厳しく温かく指導されてきました。こうしたご指導の下で，卒業生，修了生は「実践と研究の往還」を体感できたと思います。

最後は，先生とラトビア共和国との関係についてです。先生は，晩年，頻繁にラトビア共和国に渡航されていました。卒論を補強する資料を求めてのことだと思いますが，その首都リーガでは「オペラ座」にも通われていました。そこで国立バレエ団のプリンシパル，ヴィクトリア・ヤンソネさんと懇意になられました。現役引退を控え将来に迷いを抱えていた彼女を勇気づける手紙が，始まりだったと聞いています。先生は，さらに彼女を勇気づけるため，引退後に指導者となるための様々な機会を提供され，彼女の引退前に日本公演を実現させるべく奔走されていました。こうした活動が，先生ご自身の闘病生活を活気づけていたことは，われわれ周りの者にもよく伝わっていました。そしていざ日本公演をという時にコロナ禍に見舞われて延期せざるを得なくなり，ご臨終を迎えることになってしまいました。誠に残念でなりませんが，新たな関係を開いていただいたことに感謝していますし，分野の異なる人へも変わらぬ指導者としての先生の姿勢をわたしも見習いたいと思っています。

先生との様々な「あの時の思い出」がわたしの頭の中をグルグルと駆け巡っています。不摂生なわたしに対して，この歳になればどっちが先に逝ってもおかしくないと笑っておられたのに，先に逝ってしまわれた。棺の中の先生は今にも起き出しそうだったのに。しかもよもやわたしが，あれほど屈強・強靱だった先生への追悼文を記すことになるとは想像だにしていませんでした。

先生のご遺志を受け止め継承しつつ，会員の皆さまとともに本学会のさらなる発展に尽くしていくことをお誓い申し上げ，拙いながらも追悼の言葉とさせていただきます。先生のご冥福を心よりお祈りいたします。

日本教育経営学会第61回大会報告

日本教育経営学会第61回大会（開催校：広島大学，林孝大会実行委員長）は，2021年６月４日(金)～６日(日)の３日間の日程で，オンラインで開催された。大会直前に広島県と岡山県が新型コロナウイルス対応の緊急事態宣言の対象地域となり，その中での大会運営となった。

大会参加者数は，大会受付がなかったため正確な人数はわからないが，二百数十名の参加者があった。また本大会では，非会員もPeatixによる申込み（参加費1,000円）で参加ができるようにし，教職大学院の現職院生・実務家教員・教育委員会の方など，84名の申込みがあった。

大会日程は，通常の大会と同様，１日目の午後から各種委員会，全国理事会，ラウンドテーブル（19名），若手研究者のためのラウンドテーブル（60名）を行った（括弧内は，参加者数の概算：ミーティング参加者で記録）。２日目は，午前中に自由研究発表（第１～４部会），午後からシンポジウム（200名），総会，オンライン懇親会（37名），そして３日目は，午前中に自由研究発表（第５～８部会），昼休み中にCOVID-19対応特別委員会企画（98名），午後から課題研究（112名）と実践研究フォーラム（63名）を行った。

本大会における自由研究発表数は個人研究と共同研究をあわせて32件であった。８会場で開催されたが，ほとんどの会場で50名を超える参加者があり，活発な議論がなされた。

シンポジウムは，「教育経営」が実践的にも学術的にも拡がりと重要性を増す一方でそのこだわりや固有性が見失われつつあるという問題意識のもと，「いま，『教育経営』とは何かを考える」というテーマで開催した（司会：末松裕基会員，曽余田浩史）。３名の登壇者の探究（研究，実践，教育）の歩み（佐古秀一会員〈教育経営の探求？―学校の内発的改善力を志向した組織開発研究を通して―〉，木岡一明会員〈学校評価研究から学校組織発達研究へ―ささやかな研究私史を振り返って設題を考える―〉，南部初世会員〈「教育経営」研究のフィールドと固有性・有効性〉）を足場にして，「教育経営」の“これまで”，“いま”，“これから”について議論が行われた。

本大会は２年連続のオンライン開催となった。参加者同士の交流の活性化は課題として残ったが，先述したように，オンライン開催によって予想以上の多くの非会員（教職大学院の現職院生・実務家教員・教育委員会の方など）の参加申込みがあった。この点は，これからの学会の在り方として，新たな可能性を感じさせることであった。こうした本学会への期待に対してどのように応えていくかは今後の重要な課題である。

また，学会事務局からの一斉メール配信によって，発表募集やプログラム送付をはじめ，大会にかかわるアナウンスを容易に行うことができるようになった。ただし，オンライン環境の利用が難しい会員に対していかに情報をお届けするかは引き続き検討が必要である。

オンラインによる大会運営のノウハウやマニュアルは，前大会校（千葉大学）から引き継いで，本大会でさらに積み上げることができたので，次期大会校（上越教育大学）へとしっかりとお伝えしたい。

最後に，大会参加者の皆様のご協力により，心配されたネット環境上のトラブルもなく，盛会のうちに本大会を終えることができたことを，心より感謝申し上げたい。

（第61回大会実行委員会事務局長　曽余田浩史）

日本教育経営学会会則

第1章　総　則

第1条　本会は日本教育経営学会（The Japanese Association for the Study of Educational Administration）という。

第2条　本会は，教育経営の研究と実践を促進し，その普及を図ることを目的とする。

第3条　本会は次の事業を行う。

⑴　大会および研究会の開催

⑵　学会紀要（「日本教育経営学会紀要」），会報等の発行

⑶　会員の研究および共同研究の促進

⑷　内外の関係学会との連携

⑸　教育経営の関係機関及び団体等との連携

⑹　教育経営の研究と実践の普及活動

⑺　その他本会の目的達成のための事業

第2章　会　員

第4条　本会の入退会には，次の手続きを必要とする。

1．本会に入会するには，必要事項を登録し，当該年度の会費を納入することを必要とする。

2．入会にあたり，会員の推薦を必要とする。

3．本会を退会するものは，毎年3月31日までに文書により申し出るものとする。

第5条　会員は本会が行う事業に参加し，研究大会，学会紀要等で研究発表することができる。

2．会員は本会の倫理綱領を遵守しなければならない。

第6条　会員は会費を納入するものとする。

1．会費は年額8,000円（学会紀要費を含む）とする。

2．2年以上会費の納入を怠ったものは，会員としての資格を失う。

第7条　会員にして義務を怠ったものに対しては，理事会の決議により除名する。

第8条　本会に名誉会員を置くことができる。名誉会員は，理事会が推薦し総会の承認を得るものとする。

第3章　役　員

第9条　本会に次の役員をおく。

会長　1名　理事　若干名（常任理事を含む）監査　2名

第10条　1．会長は本会を代表し，会務をつかさどる。会長に事故あるときは，理事会の推薦により理事の一人がその職務を代行する。

2．理事は理事会を組織し，本会の運営にあたる。内若干名を常任理事とし業務の執行にあたる。

3．監査は会計を監査する。

第11条　会長，理事，監査は総会において選出し，常任理事は理事の互選による。

第12条　役員の任期は3年とする。但し理事及び監査は再任を妨げない。

第13条　理事に欠員が生じたときは，次点者をもって補い，その任期は前任者の残りの期間とする。

第14条　本会に顧問をおくことができる。

第4章　総　会

第15条　総会は会長が召集し，本会事業の重要事項を審議する最高議決機関とする。

第5章　地方研究団体・機関との連携

第16条　本会は，地方における教育経営研究に関する団体・機関と連携することができる。連携に関する事項は別に規程により定める。

第6章　会　計

第17条　本会の経費は会費，その他の収入をもってこれにあてる。

第18条　理事会は予算案を編成し，総会の議に附するものとする。

第19条　本会の会計年度は，毎年4月1日に始まり，翌年3月31日に終わる。

第7章　各種委員会

第20条　1．本会に紀要編集委員会をおく。紀要編集委員会は，学会紀要の編集にあたる。

2．本会に研究推進委員会をおく。研究推進委員会は，学会としての研究の推進にあたる。

3．本会に実践推進委員会をおく。実践推進委員会は，教育経営に関する実践の推進にあたる。

4．本会に国際交流委員会をおく。国際交流委員会は，研究の国際交流にあたる。

5．本会に必要に応じて，総会の議を経て特別委員会をおくことができる。

第21条　各委員会は委員長1名，委員若干名で構成する。委員は，会員の中から理事会の議を経て会長が委嘱する。

第22条　各委員会の運営に関する細則は必要に応じて別に定める。

第8章　学会褒賞制度

第23条　会員の研究の活性化と奨励を期して学会褒賞制度を設ける。学会褒賞制度に関する細則は別に定める。

第9章　事務局

第24条　本会に事務局をおく。事務局は事務局長1名，幹事若干名で構成する。

第25条　事務局長および幹事は，会員の中から理事会の議を経て会長が委嘱する。

第26条　事務局は会務を処理する。

補　則

本会の運営に必要な細則は別に定める。

附　則

第1条　本会則の変更は総会の決議による。

第2条　削除

第3条　本会則は昭和33年12月13日より施行する。

第4条　本会則は昭和60年6月7日より施行する。

第5条　本会則は平成元年4月1日より施行する。

第6条　本会則は平成2年6月2日より施行する。

第７条　本会則は平成５年６月５日より施行する。
第８条　本会則は平成９年５月31日より施行する。
第９条　本会則は1999年６月５日より施行する。
第10条　本会則は2000年６月10日より施行する。
第11条　本会則は2001年６月９日より施行する。
第12条　本会則は2003年６月７日より施行する。
第13条　本会則は2006年６月３日より施行する。
第14条　本会則は2007年６月２日より施行する。
第15条　本会則は2012年６月９日より施行する。
第16条　本会則は2020年９月１日より施行する。
第17条　本会則は2021年６月５日より施行する。

日本教育経営学会紀要編集規程

１．日本教育経営学会紀要は日本教育経営学会の機関誌で，原則として１年に１回発行する。

２．本紀要には，教育経営学に関する未公刊の論文・資料・書評などのほか，学会会務報告その他会員の研究活動についての記事を編集掲載する。

３．紀要編集委員長については，会長が理事の中から選任し委嘱する。但し，その選任にあたっては，常任理事会の同意を得るものとする。

　紀要編集委員長は紀要編集委員会を代表し，紀要編集委員会会務をつかさどる。紀要編集委員長に事故あるときは，会長の委嘱により紀要編集委員の一人がその職務を代行する。

４．委員長以外の紀要編集委員については，紀要編集委員長が，会長と協議の上，会員の中から14名を下限として選任し委嘱する。但し，その選任にあたっては，常任理事会の同意を得るものとし，必ず各理事選挙区から１名以上が選任されるようにするとともに，学会での活動実績，専門分野等に配慮するものとする。

　紀要編集委員の任期は３年とする。但し，再任を妨げない。

５．紀要編集業務を担当するために，常任編集委員を若干名おく。常任編集委員については，紀要編集委員長が，会長と協議の上，紀要編集委員の中から選任し委嘱する。但し，その選任にあたっては，常任理事会の同意を得るものとする。

６．紀要編集業務を処理するために，紀要編集委員会事務局を組織し，そこに紀要編集幹事を若干名おく。紀要編集幹事は紀要編集委員長が委嘱する。

７．本紀要に論文を掲載しようとする会員は，所定の論文投稿要領に従い，紀要編集委員会事務局宛に送付するものとする。

８．投稿資格は９月１日現在で会員であることとする。

９．論文の掲載は紀要編集委員会において決定する。

10．掲載の場合若干の変更を加えることもある。但し内容についての重要な変更を加える時は執筆者と相談する。

11．本紀要に掲載したものの原稿は原則として返還しない。

12．本紀要に掲載した記事は原則としてすべて科学技術振興機構J-STAGEの電子図書館コンテンツとする。但し紀要第57号までは国立情報学研究所電子図書館サービスの電子図書館コンテンツとする。

附　則　本規程は平成2年6月2日より施行する。
本規程は平成6年6月4日より施行する。
本規程は1999年6月5日より施行する。
本規程は2003年6月7日より施行する。
本規程は2011年6月4日より施行する。
本規定は2017年6月10日より施行する。

日本教育経営学会 紀要編集委員会
研究論文投稿要領

1．論文投稿は未発表のものに限る。ただし，口頭発表およびその配布資料はこの限りではない。

投稿論文と目的・方法・知見等の面で重複している論文あるいは調査報告をすでに発表（予定を含む）している場合はそのコピーをすべて添付した上で投稿すること。

この規定に違反し，二重投稿等の研究倫理に違反した場合には，論文審査や投稿資格の停止の対象となる可能性がある。

2．論文投稿（注および引用文献を含む）は紀要16ページ（400字詰原稿用紙約43枚相当）以内とする。提出形式の詳細については下記の要件をすべて満たすものとする。

(1) 原稿はワープロ等による横書きとし，A4判，天地余白各45mm，左右余白各35mm（10.5ポイントもしくは11ポイントのフォントを使用），35字×32行×16枚以内とする。1枚目は論文題目を1行目に記載し，17行目から本文を書き始めることとする。節題の上下1行ずつは空白行とする。たとえば節題が1行の場合には3行とることとなる。なお1頁目の本文開始行（17行目）のみ節題上の余白は不要で17行目に節題記入を認める。

(2) 表紙を必ず添付し，表紙に論文題目のみを記載すること（執筆者名，所属は記載しない）。表紙と投稿論文原稿とホッチキス止めして提出すること（クリップ止め不可）。

(3) 注・引用文献については1枚あたり37字×35行の書式とする。

(4) 図表は本文に挿入したうえで提出するものとする（後日別形式で提出を求める場合がある）。

図表がある場合には10点以内にとどめ，このスペースも前記制限枚数に含めるものとする。

図表中の文字は8ポイント以上の大きさとし，図表が極端に小さくならないよう留意するものとする。

(5) 投稿論文には，執筆者名，所属名は書き入れず，本文（注・引用文献を含む）にもそれらが判明する書き方をしない。

　また「拙著」「拙稿」などの表現，研究助成，共同研究者への謝辞など，投稿者名や所属機関が判明，推測できるような表現は控えること。これらの記載が必要な場合は，採択決定後の校正において加筆することを認める。

(6)　規定枚数を超過した場合には，受理しない。

3．投稿は，電子メールと郵送によって提出するものとする。電子メールでは，PDFファイルの形式で，執筆者名がプロパティ等に記録されないように注意して保存し，論文のみを送信する。郵送では，論文（表紙とともにホッチキス止めしたもの）１部と別紙（論文タイトル，執筆者名，所属名，連絡先を付記したもの）１部を，日本教育経営学会紀要編集委員会事務局宛に送付する。

4．投稿論文の申込期限は10月10日とし，電子メール，郵送のいずれでも可とする。論文等の提出期限は，11月９日とする。

5．投稿論文について編集委員会は，執筆者との協議を通じ，内容の変更を求めることがある。

6．掲載が決定した論文については，改めて(1)論文タイトル，執筆者名，所属名を付記した論文原稿，(2)英文タイトル，300語以内の英文レジュメ，ローマ字表記の執筆者名，英文表記の所属名を付記した英文レジュメ，(3)それらが入力された電子的記録媒体（CD-R, DVD-R 等）を日本教育経営学会紀要編集委員会事務局宛に郵送するものとする。

　送付の形式はワープロソフト（Word，一太郎等）のままの形式とし，PDF形式は認めない。

　なお，(1)，(2)の郵送と合わせて,メールに日本教育経営学会紀要編集委員会事務局にデータ送信を行う場合は(3)の送付を免除できるものとする。

7．執筆者による校正は再校までとする。その際，内容上の修正は原則として認められない。

8．図版等で特定の費用を要する場合，執筆者に負担させることがある。

9．引用文献の表記法については，以下の通りとする。

(1)　単行本の表記方法

　著者，書名，発行所，出版年の順で書く。

　例1)　小野田正利『教育参加と民主制―フランスにおける教育審議機関に関する研究』風間書房，1996年。

　例2)　Ravitch, D., *The Death and Life of Great American School System; How Testing and Choice Are Undermining Education,* Basic Books, 2010.

　例3)　国立教育政策研究所監訳『PISA2006年調査評価の枠組み』ぎょうせい，2007年（=Organization for Economic Co-operation and Development, *Assessing scientific, reading and mathematical literacy : a framework for PISA 2006,* 2006.）

(2)　論文の表記方法

　著者，論文名，雑誌名，巻，号，発行年，頁の順で書く。

　例1)　佐藤博志「オーストラリア首都直轄区の学校評価に関する考察―自律的学校経営における学校評価の役割に着目して」『日本教育経営学会紀要』第38号，1996年，

88-99頁。

例2） Hargreaves, A., "Distinction and disgust; the emotional politics of school failure", *International Journal of Leadership in Education,* Vol.7, No.1, 2004, pp.27-41.

10．脚注の表記方法は，引用文献と脚注を区別する方式とし，以下の表記方法に従うものとする。

注は文中の該当箇所に(1)，(2)……と表記し論文原稿末尾にまとめて記載する。

引用文献は本文中では，著者名（出版年），あるいは（著者名出版年：頁）として表示する。

同一の著者の同一年の文献については，出版年の後にa，b，c……を付ける。

例1） しかし，浜田（1998a）も強調しているように……，単なる学校裁量の拡大にとどまり組織改革がともなわない場合には効果は低い。

例2） 公立学校の改革を促進する動向は……，近年急速に進展している（中留・伊藤他2007：2頁）。

例3） Blumenthalの指摘によれば，「……である」（Blumenthal 2006: pp.564-565）。

11．引用文献は，邦文，欧文を含め，注のあとにまとめてアルファベット順に記載する。著者，論文名，雑誌名，巻，号，出版社，出版年，頁の順に書く。なお引用文献は本文中に用いたもののみをあげるものとする。

例）

［引用文献一覧］

- Blumenthal, R., "Why Connecticut Sued the Federal Government over No Child Left Behind", *Harvard Education Review,* No.76, Vol.4, 2006, pp.564-569.
- 浜田博文「アメリカにおける個別学校の裁量拡大と校内組織改編に関する考察―『教員リーダー』の位置と役割に着目して―」『日本教育経営学会紀要』第40号，1998年a，68-81頁。
- 浜田博文「米国フロリダ州における校長職をめぐる改革の動向について」『学校経営研究』第23号，大塚学校経営研究会，1998年b，76-87頁。
- 中留武昭・伊藤文一・露口健司・大竹晋吾・雪丸武彦・田代裕一・倉本哲男・生田淳一・増田健太郎・小澤永治・八尾坂修『信頼を創造する公立学校の挑戦―壱岐丘の風がどのように吹いたか―』ぎょうせい，2007年。
- 柳澤良明『ドイツ学校経営の研究―合議制学校経営と校長の役割変容―』亜紀書房，1996年。

日本教育経営学会紀要「教育経営の実践事例」編集内規

1．〈目的〉

日本教育経営学会紀要に「教育経営の実践事例」の欄を設ける。「教育経営の実践事例」は，特色ある教育経営の実践事例を紹介・分析する論文を掲載することを目的とする。

2．〈執筆資格等〉

⑴ 論文の執筆者は，当該実践事例の企画立案または実施に関与した本学会の会員でなければならない。

⑵ 論文は未発表のものに限る。ただし，口頭発表プリントはこの限りではない。

3．〈募集方法〉

論文の募集は，投稿制および推薦制によって行う。

4．〈投稿制〉

⑴ 会員は，紀要編集委員会に対して論文を投稿することができる。

⑵ 紀要編集委員会は，投稿原稿の審査を行い，掲載の可否を決定する。その際，紀要編集委員会は，原稿の修正を求めることができる。

⑶ 紀要編集委員会は，必要に応じて，原稿の査読および修正を，紀要編集委員以外の適任の会員に委嘱することができる。

⑷ 原稿の分量は，紀要10ページ（400字詰原稿用紙約26枚相当）以内とする。その他，投稿の時期・手続き等は「日本教育経営学会紀要論文投稿要領」の規定を準用する。

5．〈推薦制〉

⑴ 理事および紀要編集委員は，実践事例およびその執筆会員を紀要編集委員会に推薦することができる。

⑵ 推薦に際しては，実践事例の概要（400字程度）と執筆会員の略歴を添えるものとする。

⑶ 紀要編集委員会は，実践事例概要と執筆会員の略歴を審査して，執筆依頼の可否を決定し，可とされた実践事例について，当該会員に執筆を依頼する。

⑷ 紀要編集委員会は，提出された原稿の修正を求めることができる。

⑸ 紀要編集委員会は，必要に応じて，原稿の修正を，紀要編集委員以外の適任の会員に委嘱することができる。

⑹ 原稿の分量は，紀要10ページ（400字詰原稿用紙約26枚相当）以内とする。その他，推薦の時期・手続き等は，「日本教育経営学会紀要論文投稿要領」の規定を準用する。この場合，「投稿」は「推薦」と読み替える。

日本教育経営学会 紀要編集委員会
「教育経営の実践事例」論文投稿要領

1．論文投稿は未発表のものに限る。ただし，口頭発表およびその配布資料はこの限りではない。

投稿論文と目的・方法・知見等の面で重複している論文あるいは調査報告をすでに発表（予定を含む）している場合はそのコピーをすべて添付した上で投稿すること。

この規定に違反し，二重投稿等の研究倫理に違反した場合には，当該論文の掲載は取り止めとなる。

2．論文投稿（注および引用文献を含む）は紀要10ページ（400字詰原稿用紙約26枚相当）以内とする。提出形式の詳細については下記の要件をすべて満たすものとする。

⑴　原稿はワープロ等による横書きとし，A４判，天地余白各45mm，左右余白各35mm（10.5ポイントもしくは11ポイントのフォントを使用），35字×32行×10枚以内とする。１枚目は論文題目を１行目に記載し，17行目から本文を書き始めることとする。節題には３行とる。

⑵　表紙を必ず添付し，表紙に論文題目のみを記載すること（執筆者名，所属は記載しない）。表紙と投稿論文原稿とホッチキス止めして提出すること（クリップ止め不可）。

⑶　注・引用文献については１枚あたり37字×35行の書式とする。

⑷　図表は本文に挿入したうえで提出するものとする（後日別形式で提出を求める場合がある）。

図表がある場合には10点以内にとどめ，このスペースも前記制限枚数に含めるものとする。

図表中の文字は８ポイント以上の大きさとし，図表が極端に小さくならないよう留意するものとする。

⑸　投稿論文には，執筆者名，所属名は書き入れず，本文（注・引用文献を含む）にもそれらが判明する書き方をしない。

また「拙著」「拙稿」などの表現，研究助成，共同研究者への謝辞など，投稿者名や所属機関が判明，推測できるような表現は控えること。これらの記載が必要な場合は，採択決定後の校正において加筆することを認める。

⑹　規定枚数を超過した場合には，受理しない。

3．投稿は，電子メールと郵送によって提出するものとする。電子メールでは，PDF ファイルの形式で，執筆者名がプロパティ等に記録されないように注意して保存し，論文のみを送信する。郵送では，論文（表紙とともにホッチキス止めしたもの）１部と別紙（論文タイトル，執筆者名，所属名，連絡先を付記したもの）１部を，日本教育経営学会紀要編集委員会事務局宛に送付する。

4．投稿論文の申込期限は10月10日とし，電子メール，郵送のいずれでも可とする。論文等の提出期限は，11月９日とする。

5．投稿論文について編集委員会は，執筆者との協議を通じ，内容の変更を求めることがある。

6．掲載が決定した論文については，改めて(1)論文タイトル，執筆者名，所属名を付記した論文原稿，(2)英文タイトル，300語以内の英文レジュメ，ローマ字表記の執筆者名，英文表記の所属名を付記した英文レジュメ，(3)それらが入力された電子的記録媒体（CD-R, DVD-R 等）を日本教育経営学会紀要編集委員会事務局宛に郵送するものとする。

送付の形式はワープロソフト（Word，一太郎等）のままの形式とし，PDF形式は認めない。

なお，(1)，(2)の郵送と合わせて，メールにて日本教育経営学会紀要編集委員会事務局に，データ送信を行う場合は，(3)の送付を免除できるものとする。

7．執筆者による校正は再校までとする。その際，内容上の修正は原則として認められない。

8．図版等で特定の費用を要する場合，執筆者に負担させることがある。

9．引用文献の表記法については，以下の通りとする。

(1) 単行本の表記方法

著者，書名，発行所，出版年の順で書く。

例1） 小野田正利『教育参加と民主制―フランスにおける教育審議機関に関する研究』風間書房，1996年。

例2） Ravitch, D., *The Death and Life of Great American School System; How Testing and Choice Are Undermining Education,* Basic Books, 2010.

例3） 国立教育政策研究所監訳『PISA2006年調査評価の枠組み』ぎょうせい，2007年（=Organization for Economic Co-operation and Development, *Assessing scientific, reading and mathematical literacy: a framework for PISA 2006,* 2006.）

(2) 論文の表記方法

著者，論文名，雑誌名，巻，号，発行年，頁の順で書く。

例1） 佐藤博志「オーストラリア首都直轄区の学校評価に関する考察―自律的学校経営における学校評価の役割に着目して―」『日本教育経営学会紀要』第38号，1996年，88-99頁。

例2） Hargreaves, A., "Distinction and disgust; the emotional politics of school failure", *International Journal of Leadership in Education,* Vol.7, No.1, 2004, pp.27-41.

10．注の表記方法は，引用文献と脚注を区別する方式とし，以下の表記方法に従うものとする。

注は文中の該当箇所に(1)，(2)……と表記し論文原稿末尾にまとめて記載する。

引用文献は本文中では，著者名（出版年），あるいは（著者名出版年：頁）として表示する。同一の著者の同一年の文献については，出版年の後にa，b，c……を付ける。

例1） しかし，浜田（1998a）も強調しているように……，単なる学校裁量の拡大にとどまり組織改革がともなわない場合には効果は低い。

例2） 公立学校の改革を促進する動向は……，近年急速に進展している（中留・伊藤他2007：2頁）。

例3） Blumenthalの指摘によれば，「……である」（Blumenthal 2006: pp.564-565）。

11．引用文献は，邦文，欧文を含め，注のあとにまとめてアルファベット順に記載する。

著者，論文名，雑誌名，巻，号，出版社，出版年，頁の順に書く。なお引用文献は本文中に用いたもののみをあげるものとする。

例）

［引用文献一覧］

・Blumenthal, R., “Why Connecticut Sued the Federal Government over No Child Left Behind”, *Harvard Education Review,* No.76, Vol.4, 2006, pp.564-569.

・浜田博文「アメリカにおける個別学校の裁量拡大と校内組織改編に関する考察―『教員リーダー』の位置と役割に着目して―」『日本教育経営学会紀要』第40号，1998年a，68-81頁。

・浜田博文「米国フロリダ州における校長職をめぐる改革の動向について」『学校経営研究』第23号，大塚学校経営研究会，1998年b，76-87頁。

・中留武昭・伊藤文一・露口健司・大竹晋吾・雪丸武彦・田代裕一・倉本哲男・生田淳一・増田健太郎・小澤永治・八尾坂修『信頼を創造する公立学校の挑戦―壱岐丘の風がどのように吹いたか―』ぎょうせい，2007年。

・柳澤良明『ドイツ学校経営の研究―合議制学校経営と校長の役割変容―』亜紀書房，1996年。

日本教育経営学会著作権ポリシー

1．学会紀要掲載の論文等（特集論文，研究論文，教育経営の実践事例，シンポジウム・課題研究の報告，海外の教育経営事情，実践推進フォーラム，書評，教育経営学研究動向レビュー等）について

⑴　著作権（著作権法第21条から第28条に規定されているすべての権利を含む。以下同様。）は，学会に帰属するものとする。

⑵　著作者自身による学術目的等での利用（著作者自身による編集著作物への転載，掲載，WWW による公衆送信，複写して配布等を含む。）を，学会は許諾する。著作者は，学会に許諾申請をする必要がない。ただし，刊行後１年間は，WWW による公衆送信については，原則として許諾しない。また，学術目的等での利用に際しては，出典（論文誌名，巻号頁，出版年，以下同様。）を記載するものとする。

⑶　著作者が所属する機関の機関リポジトリでの公開については，刊行１年後に無条件で許諾する。著作者自身および著作者が所属する機関による許諾申請をする必要がない。ただし，出典を記載するものとする。刊行後１年以内の場合には許諾しない。

⑷　第三者から論文等の複製，翻訳，公衆送信等の許諾申請があった場合には，著作者の意向を尊重しつつ，常任理事会が許諾の決定を行うものとする。

2．大会の発表要旨（要旨集に掲載された著作物）について

⑴　著作権は著作者に帰属するものとする。

⑵　著作物の複製，公衆送信，頒布等を行おうとする者は，著作者の許諾を得るものとする。

3．学会あるいは学会の委員会，学会において設置されたグループ等による著作物（学会ニュースを含む。）について

⑴　著作権は，学会に帰属するものとする。

⑵　著作物の複製，公衆送信，頒布等を行おうとする者は，学会の許諾を得るものとする。

附則　本規程は，2010年６月５日より施行する。

2021年6月5日総会決定

日本教育経営学会研究倫理綱領

（制定の趣旨）

第1条　日本教育経営学会は，会則第2条に基づき，その目的を遂行する上で，教育経営の研究と実践がもたらす社会的影響を自覚し，その社会的使命を果たすために，研究倫理に関する基本原則を示す本綱領を制定する。

2　日本教育経営学会会員（以下「会員」とする）は，本綱領を踏まえ，その社会的責任に鑑み，教育経営の研究と実践の発展に努めなければならない。

（基本原則）

第2条　会員は，教育経営の研究と実践に関係する人々（研究参加者・情報提供者・研究対象者ないしその保護責任者など）の基本的人権を尊重し，社会的信頼を損なう行為を行ってはならない。

2　会員は，研究成果の発表にあたり，科学的・実践的合理性，倫理的妥当性に十分に配慮し，研究の信頼性を損なうことがないように努めなければならない。

（研究不正の防止）

第3条　会員は，研究活動における不正行為（ねつ造，改ざん，盗用），および研究成果発表における不適切な行為（二重投稿，分割出版，不適切なオーサーシップ）を行ってはならない。

（個人情報の保護等）

第4条　会員は，研究活動全般において，教育経営の研究と実践に関係する人々のプライバシーを尊重し，個人情報および関係する諸機関の情報を安全に管理して保護しなければならない。

2　会員は，研究の実施，成果の公開および資料の保管において，教育経営の研究と実践に関係する人々に対して十分な説明を行い，理解されていることを確認した上で，同意を得なければならない。

（学会の責務）

第5条　日本教育経営学会は，本綱領の遵守を社会的責務として確認するとともに，その具体的内容の明確化と会員への周知に向けて，継続的な努力を払うものとする。

Journal of JASEA
CONTENTS

RESEARCH REVIEW:

The Trend of Research on Actual Conditions and Issues related to Educational Administration after COVID-19 Pandemic

Tomomi KOBAYAKAWA (Shimane University), Keiko ENOKI (Nagasaki University)

TRIBUTE:

Ikuo KOMATSU (Kyoto University)

Kazuaki KIOKA (Chairman of JASEA)

No.64, June 2022

Edited by

The Japanese Association for the Study of Educational Administration

編　集　後　記

今年度より３年間，貞広委員長のもとで編集幹事を務めることとなりました。どうぞよろしくお願いいたします。

学会の委員会業務を初めて拝命し右も左もわからない中で，貞広委員長，編集委員の先生方をはじめ，執筆者の先生方のご協力を賜り無事に紀要第64号を刊行することができました。この場をお借りして厚く御礼申し上げます。

「まえがき」にもございましたように，今号では、掲載論文の質向上と掲載数増に向けた取り組みの一環として，投稿論文の査読回数を増やしました。紀要第65号においても積極的な投稿をお願い申し上げます。

また，限られた期間の中で査読を円滑に行うためにも，投稿要領の遵守，研究倫理綱領をふまえた投稿をお願いいたします。今号でも前号に引き続き，投稿様式やチェックリストを活用することで，多くの方に投稿要領に指定する形式に沿った原稿をご提出いただきました。一方で，軽微な違反や投稿要領を確認していないと思われる投稿も散見されました。皆様のご協力があってこそ質の高い紀要の作成が実現できると思います。編集委員会も精一杯取り組んで参りますので，紀要の円滑な発行業務へのご協力をお願いいたします。

（編集幹事・櫻井直輝）

日本教育経営学会紀要　第64号

エビデンスと学校経営

2022年6月20日　初版発行　　　定価3,080円（本体2,800円＋税10％）

編　集　日本教育経営学会（会長　木岡　一明）
　　　　日本教育経営学会紀要編集委員会（委員長　貞広　斎子）
発行者　田中英弥
発行所　第一法規株式会社
　　　　〒107-8560　東京都港区南青山2丁目11−17
　　　　ホームページ　https://www.daiichihoki.co.jp/

ISBN978-4-474-07882-6 C3037（4）〈検印省略〉

日本教育経営学会紀要バックナンバー

第46号	学校の自律性確立条件と公教育の在り方	2004年
第47号	自律的学校経営を担う学校経営者の在り方	2005年
第48号	学校経営の自律化に向けた評価と参加の在り方	2006年
第49号	教育経営をめぐる環境変動	2007年
第50号	教育経営概念の今日的検討―50周年記念号―	2008年
第51号	今日における教育経営学の意義と課題	2009年
第52号	学校の組織力と教育経営	2010年
第53号	教育経営と学力	2011年
第54号	教育経営と地域社会	2012年
第55号	社会変動と教育経営	2013年
第56号	教育改革と教職員の資質向上	2014年
第57号	教育経営の独立性を問う	2015年
第58号	学校組織のリアリティと人材育成の課題	2016年
第59号	大学経営の課題と展望	2017年
第60号	教育経営研究の課題と展望―60周年記念号―	2018年
第61号	カリキュラムと教育経営	2019年
第62号	教師という仕事と教育経営	2020年
第63号	子どもの生と教育経営	2021年